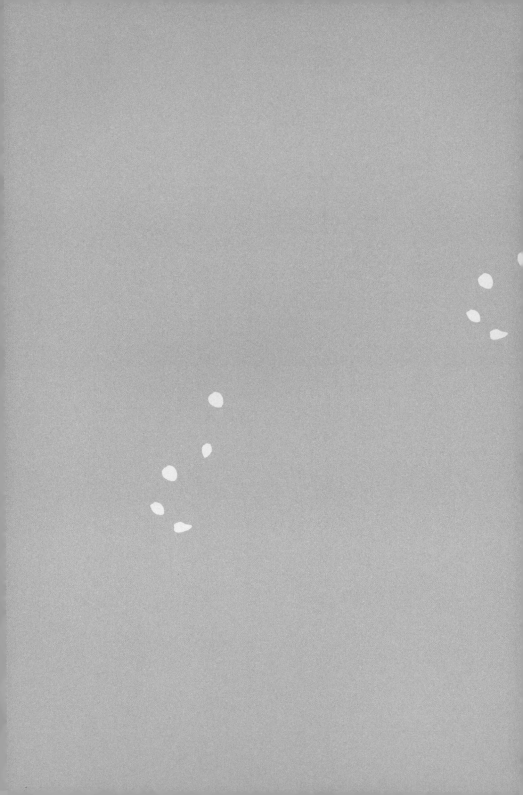

堅持下去，傷痕也可以變美麗！

崔咪 著

suncolor 三采文化

你就是你，
世界上的唯一，
也許現在的你還沒人懂得欣賞，
但你自己一定要懂得欣賞自己，
畢竟沒有人喝采的時候，
雖然孤單，但也很自由。

今天你欣賞你自己了嗎？

photo/Retouching by Rule

T R A M Y

推薦序1

崔咪的激勵，鏗鏘有力！

YouTuber　丹妮婊姐

身為網路工作者，我們成天於公於私，看自己路人朋友看同行看明星的網路社群發表，都能大概分辨誰討拍誰是要流量誰只是愛哭邀等等諸如此類背後動機，多少人不過一個噴噓也講得好像要入棺材哈哈哈哈哈。但崔咪，我能很肯定地說，她的癌症發文，是基於她真的是一條硬漢，真想叫她崔先生，她是真的想要激勵人心，不然我也不會幫她寫序了哈哈哈哈啊。

她的意志力在書中完整交代了，比鋼鐵還強，人生永遠不知道無常先到還是明天的太陽先到，她的無常先到了，但她努力讓自己還有明天的太陽，崔先生的激勵，鏗鏘有力。

推薦序2

願大家都能活出最耀眼的模樣！

演員　拐拐

崔咪對我來說，不只是陪伴彼此走過低潮、經過考驗仍一直留在身邊的摯友，我們也像家人一樣，即使沒有多說什麼也能理解對方做的每件事、每個決定，背後會是什麼樣的原因。

還記得當初第一時間聽她說「胸部有硬塊」，到兩個月後急速擴散成三期、甚至要做化療，我的內心雖然震撼，但又不敢把心疼、錯愕的情緒表現出來，因為擔心這樣的回應只會增加她內心更多更多的負擔……。

不過，她真的是一個意志力和正能量都超越一般人的女孩，儘管化療過程痛苦又難熬，崔咪都堅持用盡最大的力氣，努力活出自己最漂亮的一面，顛覆了以往大家想像中罹癌的樣子，而是展現出另一種正面的態度，讓我好佩服她的勇敢與樂觀！

終於，崔咪已經完美重生了。看著眼前瘦瘦小小但變得更強大的她，我心裡又開心又感動，因為崔咪是我這輩子遇過最真誠也最珍貴的朋友，希望每個讀過《堅持下去，傷痕也可以變美麗！》的朋友，都能在她的故事中找到勇氣，美美活出自己心中最耀眼的模樣！

推薦序3

受傷哭過後，也能漂亮地自信微笑

青年作家　冒牌生

我和崔咪在人生最低潮時認識，那時的她剛抗癌成功，而我也因為失敗的醫美手術正開始重建鼻子。

我們幾乎是在同樣的時間，人生都遭遇遽變，而在面對生命突如其來的衝擊，我對崔咪的印象是一個很有正義感、很認真，活得很真實的人。

有時候，當我們在分享走出傷痛的過程，偶爾會遇到酸言酸語；而崔咪在遇到類似的狀況時，即便也會情緒低落，但滿血復活後，她還是會依然樂觀積極地分享自己抗癌的經歷。

透過崔咪的親身經歷，我也學到不要讓自己困在過去，很榮幸能夠擔任崔咪的推薦人。

我想告訴崔咪，謝謝妳的故事，讓受傷的人了解自己並不孤單，讓受傷的人學會哭過之後，還可以漂亮地、自信地微笑。

推薦序4

謝謝崔咪的樂天，在承受傷痛後仍然勇敢出現在我們面前

暢銷作家　許允樂

一直都知道崔咪，卻不曾真的認識，約莫一年多前有位朋友說：我有個好友叫做崔咪，想請妳簽書，想跟妳說說話，要不約頓飯？

老實說挺訝異的，一個這麼有名的女孩，卻這麼單純且直白。

「嗨！小樂！終於見到妳！我是崔咪！我之前生病了，是乳癌。」

第一次遇見崔咪的時候，她眼睛瞇瞇的笑著這樣介紹自己。

就在第二秒，我上前給了崔咪一個很深的擁抱，慶幸生過一場大病的她能安然無恙站在我們眼前。

崔咪說：現在狀況很好，想要把生病過程記錄下來出一本書，希望能幫助到需要幫助的乳癌患者。能跟妳請教怎麼開始寫書嗎？

其實，要把傷痛跟過往寫下來，是很殘忍的，首先妳要閉上眼回到當時，重

新感受一遍，因為第二次回到那個人事地時再經歷一次，往往會比第一次看得更清楚感覺更深刻。

還記得，我們就這樣聊了三個多小時，從怎麼發現？怎麼面對？怎麼接受？怎麼跟家人朋友粉絲廠商說出口？怎麼改變生活型態？怎麼選擇治療方式？怎麼度過這一切？一路聊到面對傷口、面對手術、到再次手術、再多一個傷口的心路歷程。

說著說著崔咪發現自己挺勇敢的，那也是她第一次從頭到尾思考、理清楚自己到底經歷過什麼。

她一下笑、一下哭、我也跟著笑著哭也哭著笑，那一頓飯的時間，我看到這女孩的力量，還帶著點傻勁。

謝謝崔咪願意剝開自己的傷口與我們分享也給大家警惕，更謝謝崔咪有勇氣又樂天，在承受這麼多之後仍然勇敢、健康地出現在我們面前。

推薦序5

不論人生遭遇什麼磨難，都可以走過！

藝人　斯亞

崔咪在我心裡是個很可愛的人。常帶著甜甜的笑，跟我一樣愛漂亮，每次互相分享的時候，她的推薦都會讓我不小心手滑～

我們一起拍影片、分享工作上私底下的大小事，一直到某一天……，我聽到她親口說最近身體狀況不是很好，得了乳癌的時候……

什麼！我停頓了三秒，真的非常震驚！那個程度大概是……天啊！頭好暈，怎麼辦!?

我緩和一下思緒後問她：「有什麼我能幫妳的嗎？」沒想到，她超級勇敢地說：「陪在我身邊的鼓勵和加油足矣，接下來，我還是會把自己打扮得很美！我想讓自己每一天都很美、很美！」

這就是我為什麼覺得她可愛又迷人，她真的好勇敢好勇敢，讓我打從心裡佩服。

她在知道自己可能要面臨什麼狀況之前，就把頭髮剃短了。你們知道這對一個女孩子來說，需要多大多大的勇氣嗎？

在她和我說眉毛掉了、睫毛掉了的時候，在明知道她生病了，還有人落井下石對她說很多不負責任的話的時候，我真的好心疼她……

每個人都可以選擇要不要正面地迎戰！但是我們只是人，再怎麼正面的人也會有無助悲觀的時候。和她聊天，她開始跟我分享某牌子的防水眉筆很好用、某牌子的假睫毛超舒服、膠水很黏不會掉。什麼牌子的假髮戴了超自然不會被發現……

她用另一種正面的方式去面對痛苦，在困境還是堅持做自己最喜歡最開心的事，把自己裝扮得漂漂亮亮的，而不是像一般人，生病了就放棄自己。

就像這本書的書名《堅持下去，傷痕也可以變美麗！》，她用自己的力量去幫助更多需要幫助的人，告訴和她一樣的人：我們也可以很美，只要你願意！

真的是一本很勵志、很勇敢的書。真心分享推薦給無助、需要幫助的你，不論人生遭遇什麼磨難，都可以走過，加油！

作者序

不管發生什麼事，你都可以決定自己看起來的樣子

這本書所書寫的大部分內容，是我在二〇一七年確診為乳癌第三期後，一直到癒後的完整紀錄；整個歷程，前後加起來大約是一年的時間。在這一年中，我雖然沒有辦法像生病前一樣用正常的頻率工作，但只要體力、氣色、精神等各方面都還不錯的話，我就會抱持分享的心情，拍影片上傳，給長期關注我或是喜歡我的網友們，讓大家知道我的近況，同時也分享重大傷病患者亦能使用的美妝與保養資訊。

我在影片中常提到，這些完整的紀錄可以留下來給「需要幫助的人」。當時這些話是自然而然地脫口而出，並沒有想太多。治療期間，我認識了許多同為年輕乳癌患者的病友，大家會彼此交流治療經驗或是癒後的恢復狀況，那時候只是

想把自己的經歷說出來，讓有需要的人得到依靠。直到出版社編輯問我，透過這本書，我究竟想帶給大家什麼樣的影響？藉出這段生命經歷，我最想傳遞的訊息是什麼？

被這麼一問，我才開始整理自己，這本書不該只是讓不幸生病的人，同病相憐地彼此交換訊息、取暖而已。我必須像要完成一個作業一樣來思考，到底生病前與生病後的我，哪裡不一樣了？從這一次的打擊中究竟獲得了什麼？我想，這個轉變，是可以擴及到患者或是患者家人，甚至是離罹患癌症還很遠很遠的健康大多數。

出版社丟這個功課給我，一時間，給我帶來很大的衝擊感，甚至有種被掏空的感覺。因為在治療完成後，我一心一意想的，都是要怎樣盡快讓生活回到正軌上，並未靜下心來去整理過往的那一年。但當我真心投入這個課題時，好多好多悲喜夾雜的情節、片段，在我腦海裡重複播放，就像在看一場電影一樣；只是我自己身處在其中，非常真實、血淋淋地演了這齣戲。回溯身體飽受折磨的痛苦經歷，不再只是自揭傷疤地訴說一段連我自己都不願意再回想的故事，反而從中理出一些非常珍貴的體悟。而此時此刻，我自己也十分珍惜療程中那一年的痛苦獲得，如果沒有它，沒人教會我生病後的第二人生該怎麼過。

我想最重要的是，不管發生什麼事，你都可以決定自己看起來的樣子。我指的不是外表上的美醜，或是漂不漂亮，而是你整個人看起來，是不是像正在被某件事情「打擊」，甚至是「打敗」的樣子？

不管遇到什麼挫折、低潮，打起精神把自己的外在整理好，你會因此擁有一個願意與人接觸的「最起碼條件」。光是這個最起碼的條件，就會讓你更有意願踏出門，而不是把自己關在家裡；接著，一切正面的影響都會接連而來。你會願意跨出去接受新事物（後續有提到我在病中培養出的新興趣帶來的影響），而這個新事物會再給你新的啟發……，像這樣的小小漣漪會漸漸將許多好事綁在一起，它就擁有帶你走出黑洞的可能，一切只因為從「你決定自己看起來的樣子」開始。

不要讓自己看起來垂頭喪氣的，因為那會關掉你所有願意站起來、跨出去的機會。而另外更重要的一點，想分享給像我一樣，現在或過去曾經受重大疾病影響的你。

要懂得放自己一馬，試著學會，就算沒有過上一個火力全開的人生也沒有關係。並沒有人要求你這樣過日子。會有這種感受，多數都是自己給自己套上的枷鎖，讓自己承受那樣巨大的壓力；人的身心狀況很多時候就是這樣反撲的，這一點我的感受特別深刻。在我生病前，一直把全部時間都貢獻給工作，像用遙控器操控我的人生，只要按下某個鍵，所有事情就會依照心中的設定發生。

我用非常非常嚴苛的方式對待我的身心。

想掌控任何事物的結果、不允許任何落後的可能、無法克制自己在各種內在或外在的比較輪迴裡……，我想，這應該很像許多人面對重大事物的態度，例如對待自己的工作、名聲或是無法放手的人際關係（感情關係）、源自家庭的壓力……。

放自己一馬是不容易學的功課，但，不學會這一課，你會永遠在為「自以為一定會更好的未來」而活，而不是為了當下。所以我也想問問大家，在上一次你有「啊，如果能像現在這樣子就夠好了」的感覺，是什麼時候的事了？你還記得意識到當下的快樂、此時此刻的快樂，是什麼感覺嗎？

在「不放過自己」的心態裡過生活，會對很多事情盲目。生活不只存在你正追逐的未來裡，此刻、當下就是你的生活。而我是在生病後，才學會珍惜我所擁有的當下。

這些就是我最想告訴大家的事。本書得以完成，我想謝謝我的家人：

不離不棄的我的最愛，也是最愛我的老公H，沒有你，我無法想像自己能否撐下去。

我的爸爸、媽媽，謝謝你們在我有需要的時候，帶給我好吃的食物讓我有力氣對抗化療。

我的弟弟，謝謝你對姊姊的愛，謝謝你想到我喜歡的事，謝謝你倆夫妻生了一個小香菜，帶給我許多快樂。

我的好友們，謝謝你們在我絕望低潮的時候，始終在我身旁貼心傾聽。網站上的妳（你）留言給我鼓勵和打氣，沒有你們的支持，我走不到今天，這本書就無法完成。

目錄
CONTENT

Chapter 2

挫折從天而降

Chapter 3

華麗的戰爭

Chapter

4

黑暗之後

COLUMN
我學到的……

photo/Retouching by Rule

T · R A M Y

Chapter 01

天生愛美到骨子裡

如果問你，生命走到現在，最難忘的那幾年，
發生了什麼事？不論或好或壞？
我能很快答得出來，第一是充滿好事的一年，那一年我與H去環遊世界。
不僅去了心裡渴望好久的時尚大城紐約，還去了雪梨、羅馬、
兩次的首爾，以及最難忘的摩洛哥、撒哈拉沙漠。
至於我最難忘的另一年嘛……，就得稍後再細數了。

生命的深刻不一定來自於
全然的好事，
「失去」也可能緊鄰著
未曾想過的「獲得」。

我經常想，不管我的人生會在未來哪個時候走到盡頭，
在任何時間回頭看，
應該都忘不了這一年所發生、所面對、所經歷的事。

為什麼，摩洛哥與撒哈拉的旅行，會是環遊世界那年最令我難忘的行程？一來因為它的景色真的有無以取代之美；二來，也因為它給了我一個折磨人的經歷，怎麼說呢？

出發前，我的腦子裡一直對摩洛哥有很繽紛的想像，這裡融合了歐、亞、非三大洲的文化與特色。許許多多世界知名藝術家、設計師曾經的創作靈感都來自這裡，像是被藍色染料覆蓋的舍夫沙萬、充滿濃郁異國風情的馬拉喀什、文化歷史悠久的卡薩布蘭加……我心裡想著，那一定是個拍照起來非常美的地方吧！因此成行前滿懷希望，帶了好多攝影器材，連空拍機都準備了，我一定要記下一路上每個難得的美麗畫面。

摩洛哥不是個太容易去的地方，因為要來這個國家旅遊有些特別的「規則」要遵守。出發之前，我就聽說過海關時，有可能會遇上被海關人員叫去特別的「小房間」盤問，不管是存心刁難或是真的有公務、手續上的問題，而我就正好遇到了。我在「小房間」內，被詢問有關護照、簽證之類的問題：「台灣的簽證（護照）真的是長這樣嗎？」我用不是很流利的英文一來一往地問答後，雖然最後是安全通關了，但這樣折磨人的驚心時刻，已經讓我對摩洛哥之行的滿懷期待打了一次折扣。

不論是著名景點的舊城區街道，或是我住的飯店，雖然真的都美得如傳說中一般，放眼望去的建築物融合了法式與地中海特色，不用刻意取景，便能拍出讓人驚豔的畫面。

但是！除了拍照以外，以遊客身分走在大街小巷，總有一絲不安如影隨形，因為經常會有當地人懷著占便宜的意圖跟在遊客身後，四處搜索貌似迷路中或是看起來好像遇上什麼小問題的異地人。他們會上前「看似」要主動幫你，但其實就是想從中索討費用。摩洛哥境內的古城，歷史都十分悠久，走在其中就很容易迷路，所以這樣的情形我也遇上了。

「不給錢的話，你們很難自己走出去喔。這裡的路很難記，沒有我幫忙，你們會一直在原地繞路……」，在我和H兩人還滿腦疑問地找路時，身後一個不知跟了我們多久的陌生人突然冒出一句話。雖然非常不情願，但是為了安全起見，幾次的迷路後，我們都選擇付錢了事。

但這些還不是最破壞我對摩洛哥浪漫幻想的插曲，踏入撒哈拉沙漠的那兩天一夜，才是真正讓我錯愕無言。

原本，我對撒哈拉沙漠的想像，會是像《慾望城市2》中那樣，四個女主角一字排開走在塵土飛揚的黃沙上，風吹著飄逸的長裙襬，頭髮也隨風揚起成浪漫的弧度……，是不是很值得記錄的一刻呢！所以，我帶到沙漠的行囊，也是滿滿一箱子的漂亮衣服。但事情發生時總是太快，也與想像落差太大，我與H坐車進入沙漠入口的前哨站，駱駝竟然就在離下車處不遠地方等著我們，近到讓人有種「什麼？原來走進沙漠是這種感覺……連一點點『跋

photo/ 崔咪

涉』都不用？」

我們像是被趕上架的鴨子一樣坐上駱駝，不僅連一點轉換心情的時間都沒有，連心裡計畫許久的妝髮也來不及換穿，就這樣出發了。迎面而來的，不是滿心期待的沙漠之旅，只有風沙、風沙、以及更多的風沙，讓你睜不開眼也講不了話的風沙。

我只要一想開口講話或是請H幫我拍照，就會吃進一嘴沙，眼睛也是，那時我才明白為什麼駱駝的睫毛會長得那麼長。像這樣，坐著駱駝在沙漠前進，不用多久時間就全身上下都是沙子，衣服裡、鞋子裡、頭髮裡……到處都是，想要好好記錄跟拍照的興致都被破壞了。

我在行程結束後，整理僅存不多的沙漠照片，都是我一臉沒預備好的樣子，完全無法呈現我身為美妝部落客在拍照上的美感與專業——眼睛睜不開，頭髮被風吹得跟鬼一樣，更不用說原先預備好的拍攝道具，統統都沒有用上。

雖然在旅程當下，失望的心情大於驚喜，但在一切結束後回到日常生活，每當人問到我對摩洛哥之行的感想時，我發現自己最想與人分享的，都是來自那些毫無預備的意外。不是因為懷念，而是因為深刻，而深刻很多時候並非來自於全然的好事。

好比說，和環遊世界一樣對我生命有重大影響的另外一年，就是圍繞著一件不怎麼好的事，甚至可以說是糟糕透了的一件事。二〇一七年冬天，我被確診出罹患荷爾蒙型乳癌第三期，惡性腫瘤約有七、八公分左右。在我接受治療的那一年經常想，不管我的人生會在未來哪個時候走到盡頭，我在任何時間點回頭看，應該都忘不了這一年中所發生、所面對、所經歷的事。

我從中失去一些，也得到未曾想過的；我丟掉一個舊的自己，活出一個新的自己；我能看見生命，而不只是看見生活……。由這些種種所建構出的一年時間，成為我生命中 before and after 的分水嶺，是無可取代的，悲喜參半的一年。

每個小心翼翼的對待，
都是珍惜再珍惜的存在。

我掙的才不是當什麼品學兼優的好學生，

我只是捨不得頭髮，

連剪一點點都不想。

雖然我現在的工作，可以毫無保留地追求與呈現我對美的熱愛。但在小時候，我的成長過程可是不允許這樣子，因此有些成長片段記得格外清楚。

小學的時候，我會把爸媽給的零用錢留下一大部分拿去買髮飾。真的，我還很小的時候就已經想要擁有屬於自己的、美美的物品。我偷偷買、光明正大買、存錢買、隨手買，只要有能力就買。那時候，還無法直接表現我有多麼愛漂亮、愛打扮，也不想讓爸媽知道原來我都把錢花到這些事上面，為了藏好這些寶貝，床頭櫃是最好的位置。

我買著藏著偷偷摸摸戴著，用過就丟進去，不知不覺有一天我發現床頭櫃竟然快要滿了，裝成箱子整整有兩大箱！

我也從很小開始，就非常寶貝頭髮，一頭長髮是我的夢。為了要保護我的長頭髮可以使用苦心蒐集來的髮飾，我非常努力不要觸犯家規：考試成績不能掉出前五名以外。

因為不想被爸媽抓去「用刑」，一刀剪掉我最珍愛的長髮，總是很努力達到要求，每一次考試都小心翼翼。我掙的才不是當什麼品學兼優的好學生，只是捨不得頭髮，連剪一點點都不想。所以，有一件事情到現在回想起來，那種被陷害恨得牙癢癢的心情，還是歷歷在目。

記得有一次考試，全班滿分的人超過五個，也就是說，前五名不是剛好五人，而是大於五人。雖然我很驚險地是其中一個，但是，小學男生就是那麼白目，不知道他是怎麼辦到，把前五名的考卷一張一張拿出來對答案，結果還真的好死不死，剛好抓到我有一題答錯了只是沒被老師改出來。就這樣，我沒被扣到的兩分，馬上就被扣回來，因此掉出前五名之外。那次，我回家受刑時，心裡一直咒罵那個討厭鬼幹的好事。事情都過了幾十年了，到現在我都還記得那個白目鬼的名字。你看我有多氣，有多討厭被剪頭髮。

不顧一切，

為想要的東西用盡全力，

才是我活著的證明。

「美」是我真正喜歡、有興趣的事物，

只是一直以來我都表現得太偷偷摸摸了。

既然是這樣，一定要想辦法讓爸媽知道才行。

我是家中的老大，或許，世界上所有父母都會對自己的第一個孩子充滿期待。所以，對我這個大女兒，爸媽自然也像是天下父母心一般，總是極度要求我把每一件事情「做好、做對、做滿」。小學時期，我必須維持在前五名內；到了國高中時，更被規定不能看電視，連三十分鐘都不行。學校所有的晚自習都必須參加不能缺席，拚課業該做的事一件都不能少。

我們這一代人的父母，對於孩子的教育應該都是這樣盤算——只要按規矩栽培、調教，應該八九不離十可以順利考上前三志願的高中，然後再考個國立大學的財經系。這種規劃就上一輩的價值觀與經驗值來看，不會有什麼大問題，還能很自然地走上「人生勝利組」的道路才是。

雖然我的人生劇本後來沒有照著這樣的規劃走，但是，每件事都要「做好、做對、做滿」的信念，卻已深植在我看待每一件事的標準中。

我在軍事教育的家庭背景下長大，一直壓抑自己對美的喜好與追求。直到接近聯考的那一年，才開始覺得自己不應該再這樣乖下去了。

「美」是我真正喜歡、有興趣的事物，只是爸媽不了解而已，因為一直以來我都表現得太偷偷摸摸了。既然如此，我一定要想辦法正式地讓爸媽知道才行。所以我開始反抗，開始跟爸媽說「不要」，我不要去晚自習、我才不想考什麼商學院。一次、兩次不行，我試著可以怎樣再說服；三次、四次不行，就開始用情緒化的方式表達。「我不要這些、我都不要，我要去念實踐服裝！」我歇斯底里地試圖「溝通」，但其實那根本已經不叫「溝通」了，講「抓狂」還比較貼切。

那是我第一次不顧一切、為想要的東西用盡全力，也是我人生頭一次那麼激烈地叛逆，反正就是要盧到爸媽同意，不然我絕不會放棄。不想再聽話了，不想再隱藏自己的心情，這是我第一次站在選擇的路口上。而我為自己做的第一個大決定，就是跟美無關的路我絕對不走，絕對不妥協！

最後結局，我如願讓爸媽放生我，念自己想讀的科系，考上實踐服裝後的四年，我過得風風火火，畢業展時還得到第一名呢！上台領獎的時候，我第一次在父母的眼裡看到了肯定。

下定決心做一件事情，
就要做到極限，
否則連開始都不需要。

只要與「美」相關的事，我好像就沒辦法想得太輕鬆。
它不能是隨便、順手完成的事，
必須要夠好、夠完美，否則就不要做。

我曾在英國進修配件設計的課程，畢業後回台灣做了女鞋設計師。在成為美妝部落客前，過了一陣子朝九晚五的上班族生活。我的工作經常需要出差，都是去一些以潮流時尚風靡世界的大城市考察、蒐集資料。H就是在這時候開始建議我，不妨趁著出差機會，順手寫些與時尚穿搭有關的文章，分享到網路平台上，反正只要再多花一些力氣就能做到，不是一舉兩得嘛！

在FB、Instagram、YouTube、LINE@等社群軟體時代還沒有來臨前，素人想要發表文章分享生活、穿搭、美食、旅遊或開箱文……都是透過「無名小站」這個平台。說到底，在網路上寫文章當部落客這件事，H才是我的前輩，他寫影評、寫潮流風格穿搭的資歷，比我還早好幾年。

聽到H的建議時，雖然第一時間沒能那麼全面地想到它會怎樣發生、該怎麼發生，但是，只要是與「美」相關的事物，我好像就沒辦法把事情想得太輕鬆。它不能是一件隨便的、順手做的事，必須要具備夠好、夠完美呈現的水準才行，否則我就不要做。我向來是下定決心做一件事情，就要直抵所能負荷的極限，否則我覺得連開始都不需要。

所以，我抱著既像是分享，又像是一出場就絕不能輸人的心態，在心裡盤算了幾個可行的方式與目標，一腳踏入部落格的世界。從一開始，我就立下非常嚴苛的目標，不管再忙，每天都要更新一篇文章，每篇文章至少要有二十張圖。一天一篇，絕不偷懶！曾有專業編輯聽說我給自己設定的工作量後，驚訝地對我說：「妳給自己的稿量真的很大耶！」

果然，我為自己設下的高標準加上不放手的拚勁，得到了非常實際的回收。我只用了半年的時間，就衝上yahoo!爆紅美妝部落格前十名。現在回頭看，仍覺得自己怎會辦到如此不可思議的事。

我厭惡任何的不完美，

為了完美，

每天奉獻 24 小時也不為過。

身體雖然很累，

但是心裡真的過癮死了，

我就這樣讓工作填滿每天睡覺以外的時間。

我試著用自己訂下的規劃寫部落格之後，不開始則已，一開始便是「天啊不得了」，單單「忙碌」兩個字根本沒法形容，可能用「蠟燭三頭燒」還比較貼切。一週七天，沒有一天可以休息，甚至連一個短暫的下午都沒有。

頭一兩年，人氣和點閱率還沒有累積起來，因部落客身分而來的邀約與業務量自是不成氣候。我不敢一下子就放掉手邊的正職工作，所以週一到週五的平日還是乖乖上班下班，下班後的時間幾乎都用在經營部落格上。一天一篇的稿量，想主題、配穿搭、寫文章、拍完照後再整理照片、整理影片、挑圖、修圖……每天都像一台火力全開的高速火車，工作到睡覺前才讓自己休息。

這還沒算上我開了服飾店而衍生出來的工作呢！每逢週末或是其他任何能擠出的時間，我一樣在設計商品、出國看貨帶貨、下場銷售。當顧客因為喜歡我的選品，拎著一袋袋戰利品、推開店門離開時，我會視為對我品味的肯定，完全地樂在其中。

這三條線都同時發展得那麼好，身體雖然很累，但是心裡真的過癮死了。沒有一條線我捨得放，我就這樣讓它們填滿我每一天睡覺以外的時間。

我向來都是只要下了決定就非達標不可，我最厭惡的，就是任何的不完美，任何犯錯、任何矮人一截、任何慢下來或任何的今天沒有比昨天更好，這些都會讓我覺得自己糟透了。我用這樣子的態度，高速運轉過去十幾年的人生。

崔咪祕密日記

喜歡那種用盡力氣努力之後，
然後瘋狂犒賞自己的感覺，
因為你真的值得被這樣對待，
你知道嗎？

要自信滿滿地站在人前，

並不容易；

直視自己的缺點，

更要用很大的力氣去克服。

生病前，

我非常討厭被人看扁的感覺，

我會用盡所有力氣證明「我不是你以為」的樣子。

和好，跟過去的自己握個手；好好說再見，我現在想用這種方式活著。

我過了很長一段向別人證明自己的日子，初入職場時，新鮮人難免會因為手生事做不熟練被主管指導或糾正。當下，就算我的表情是冷靜的，但其實內心根本翻騰到不行，接著就產生一種極度自我厭惡的感覺。

我會在下班回到家後，寫一整篇日記咒罵自己，用盡所有想得到的惡毒字眼：「崔咪妳這個白痴，世界上不會有人比妳笨了，只有笨的人才會犯這種低級錯誤。妳沒有用，妳是個沒有用的人，妳是個 loser，被罵也是剛好而已，活該！」像這樣的文字，我不知道寫過多少遍，我以為那樣做會給自己鞭策的力量；但我不知道的是，這樣子無情地鞭打自己，長期下來，根本一點正面助益也沒有。

不僅如此，我還經常對自己設下過高的標準。

說出來應該很難讓人相信，雖然鏡頭前的我向來都給人侃侃而談的感覺，毫不保留展現自己最好的那一面，但事實上，我從小就不是個有自信的人，甚至可以說是自卑。我記得很清楚，小時候只要有上台講話的機會，一站上台，整個人都會覺得自己很「囧」，全身都卡卡的，手腳也不知道要擺哪裡，瞬間被那麼多人盯著，讓我非常不自在。心裡總有個聲音，對我說：崔咪妳這裡，還有那裡不夠好，無論如何，我就是不夠好。

我初入職場的第一份工作是彩妝銷售，為了做好這份工作，我給自己設下第一個改變目標，就是克服不敢在人前順暢表達的弱點。我每天都對著鏡子說話，模擬跟客人介紹商品、模擬歡迎顧客上門的樣子。「歡迎光臨！謝謝光臨！」我每天都對著鏡子練習，直到有自信接待即將上門的各種顧客。要一個自覺不夠好的人，假裝自信滿滿地站在人前，真的不是容易的事。必須直視自己的缺點，也要用很大的力氣去克服。

生病前，我非常討厭被人看扁的感覺，我會用盡所有力氣證明「我不是你以為」的樣子。

我做彩妝銷售時曾在一個櫃點，遇到很愛挑我麻煩的店長，他不讓我接待客人，只派一些擦檯面的雜事給我。但是！彩妝銷售是個非常需要客人的工作，沒客人就別想談業績。以我年輕時的個性，怎麼可能乖乖地讓自己被人比下去呢，當然是要找出活路，想辦法贏啊！我沒讓自已貌似服從的日子過太久，一陣子後瘋狂搶生意，我還在心裡暗暗設下一個目標「全台第一」！是的，全台第一名。

我用「全台第一」為目標除以工作天數，換算成每天要達成的業績，達不到我就死不下班。

「妳就算留下來加班到最後一個再走，我也不會給妳加班費的啦！」當時與我看不對眼的店長這樣嗆我。「我沒有要你的加班費，我要的不是你的錢，我有自己的目標，不用你管。」結果呢？我達標了，我不僅拿了全台第一，還做了一個比這帥氣一百倍的決定——在公司頒給我「全台第一」的獎狀後，立馬拍拍屁股走人，老娘不幹了！從頭到尾，我要的都不是錢，我要的是不爽被看扁的那一口氣。

能證明自己的實力是一個很痛快的過程，我幾乎因此上癮。但是在這種順遂中會養成一種錯覺，你會開始相信自己究竟是怎樣的人並不重要；證明你是怎樣的一個人，比起「你是誰」重要太多了。

現在回頭看那段經歷，會覺得這種證明根本多餘。

離自己越近的事情往往越容易讓人盲目，明明每個人都擁有獨一無二的優點；過度努力的自我證明，好像死命疾呼一個不爭的事實，深怕別人沒發現似的。我花了那麼多力氣所證明的，好像是一個人明擺著有那麼多優點，但看不到的偏偏只有自己。

能想清楚這點，讓我長久以來的好勝心和緩許多，連不必要的努力也能開始學著放下。

崔咪祕密日記

當神關了你一扇窗，勢必幫你開啟更多的窗，
當你哭鬧，埋怨，你只會看見你眼前關著的那扇窗；
當你擦乾眼淚，願意轉念，
你會發現你的背後還有光、還有更多扇開著的窗。

我沒有自此放棄我的人生，
而是更積極的，
去實現我想做的事情，
我要把這樣的病，變成是一種正能量，
因為有了這個病，
我也打開了許多心中的結。

Chapter 02

挫折從天而降

直到有一天，
我覺得累了，
那種累是我以前沒有經歷過的，
所以也說不上來，
好像有一股力量由內而外把我拖住似的。

當老天爺扳下急煞車，
火力全開的列車
也不得不急停。

記得去聽報告的那個下午，
天氣很好，一路上都是大太陽。
但誰知道厄運找上我了……

高速運轉的人生過久了，漸漸開始感覺自己一到下午就打不起精神來，總是渾身有股昏昏欲睡的無力感。剛開始時我也不多想，只是單純覺得可能午餐吃多了，再加上衝刺了一整個早上所以「嘜咕」，剛好而已。每天要處理的工作很多，我的個性又不允許懈怠，因此迎接「疲憊」的第一個方式，就是去做些改變，想辦法讓自己的體能變好，好比調整飲食跟作息。

我先試了生酮飲食，這種少吃澱粉的飲食方式，果然讓人在下午時段比較不容易感覺累。自以為因應得很正確的我，心裡還僥倖了一下，覺得又有力氣可以全力衝刺。只不過，這個僥倖並沒有維持得很久。

當時我摸到右邊胸部裡頭有一顆東西，觸感不像脂肪那樣軟軟的，是很明顯的硬塊。第一時間我不疑有它，覺得這沒什麼，不過就是大學時期曾經有過的胸部纖維囊腫，頂多開個刀拿掉就沒事了。

日子照樣過，也沒想要讓自己的步調慢下來，同樣一天能工作多久，就工作多久。

這時候已經是多媒體與社群的時代了，競爭對手瞬間變得好多，我必須盡最大努力才能維持自己的網路聲量，所以並沒有耐心去聆聽身體對我發出的警示。

每天，我滿腦子想的都是：設計發文主題、寫文章、拍照拍影片、剪接影片、更新文章、回覆網友、出席品牌活動、與客戶網友維繫關係，打理我個人形象……這些工作細目林林總總攤開，要去執行的項目真的很多，幾乎可以用上一間小型公司的人力了。公司的重點工作，我向來堅持親力親為，不假手他人，除了極少數的對外聯繫，我都是一人包辦所有。

但為了安心，H還是硬拉著我去檢查，只不過第一次檢查的結果並沒有立即確診是惡性腫瘤。「妳是不是有隆乳？」當醫生檢查到我胸部裡的小小硬塊時，他這樣說。

什麼嘛！我才沒有隆乳過咧！這些硬塊一定就是以前大學時期也有過的纖維囊腫而已，都是良性的啦，我一定沒事的。

所以，我又回頭去過火力全開的日子。

再沒多久，某天，我突然又發現前些日子摸到的硬塊，怎麼一下子就長得好大，這才警覺應該要正視它，終於肯排出一個下午的時間看醫生，安排該做的檢查。第二次的檢查，我換了一家醫院，按照醫生囑咐，我必須在檢查過後幾天回診聽報告。

我一直記得去聽報告的那個下午，天氣很好，是無論如何都讓人聯想不到壞事的晴朗，一路上都是大太陽。那天，是H載我到醫院看報告，我還在候診時利用空檔上ＩＧ發文，用我一貫輕鬆的語氣跟網友對話：「崔咪正在醫院要看檢查報告喔，應該不會有什麼問題吧！希望一切沒事囉……」

在正式得知自己罹患惡性腫瘤前，我始終不相信厄運會找上我。

輪到我進診間了，醫生手上拿著報告，慢條斯理地說著一堆我聽不懂的病理學，又問家人有沒有跟我一起來，講話繞來繞去，就是不講報告結果。當下我實在沒法捺著性子聽完，反正不管聽不聽得懂，最後都要接受結果。「良性還惡性？」我打斷醫生試圖和緩氣氛的娓娓道來，劈頭就這樣問。

「是惡性腫瘤，也就是癌症。」

不是我多有正能量，
而是不想用負能量餵養身體。

車裡傳來的音樂，是輕快或悲傷都與我無關，

我用最微弱的理智告訴自己，越是在這種時刻越需要冷靜。

但是，有可能嗎？

「五雷轟頂」這句成語大家應該都聽過，但親身經驗起來是什麼感覺呢？你可以想像好比有人拿了一個很大的鐵鎚，往你頭上猛力一敲，除了一陣令人暈眩的嗡嗡作響，耳朵聽不到四周的聲音外，視線也好像變模糊了，眼前正在目睹的畫面彷彿跟你無關。甚至會覺得醫生手裡拿的報告，那份被判斷為惡性腫瘤的報告，應該不是自己的。思考跟感覺在一瞬間被抽離出診間內所有的現實，在醫生宣判我病情那一刻的百分之一秒內，我覺得自己不在這個世界裡。

H走進來時剛好趕上這一幕……

我們倆走出診間後，我轉頭對他說：「是惡性耶，我快死了吧！」

我立刻把上傳沒多久，和網友還在嘻嘻哈哈的貼文給刪了。

我哭了。向來都不太掉眼淚的我，在跟H轉述自己被醫師宣告病情的當下，很不爭氣地哭了出來，心裡一股壓抑不住的無法置信一直一直往上竄，我從沒想過這種事會發生在我身上。我似乎在否認。我想，無論任何人，第一時間都會不知道要怎麼接受這個事實；但同時，我一邊也在用最微弱的理智告訴自己，越是在這種時刻越需要冷靜。與H開車駛離醫院這段路，我試著在確認噩耗後盡可能整理自己的心情。

車裡傳來的音樂，是輕快或悲傷都與我無關，剛剛才被確診為惡性腫瘤第三期的我，內心正盤算怎麼向家人傳達這個事實。「欸，媽，那個……我得癌症了，是惡性腫瘤。」我說得簡短明白，像是在問另一個人今天晚餐要吃什麼一樣，那麼一般、那麼沒有情緒。但是，不這麼辦，到底要怎麼說呢？我也是第一次得癌症啊，我自己也還在錯愕中啊。而媽媽在電話那頭的回應倒也很冷靜：「先回家吃飯再說……」

我得癌症了，就像這樣。當晚回家，我與家人吃了一頓沒太多人搭話的晚餐，席間只大致交代了院方的報告，以及接下來會做的各式檢查與治療。我講得很抽離，沒有情緒。一方面是因為在路上已經整理過自己的情緒了，另一面也因為，我一點也無法想像接下來的事。

崔咪祕密日記

等等要去聽另外兩個醫生的評估，再做最後決定。
我還是希望，還是祈禱，
雖然生病仍可以最快最好的痊癒。

和友人吃飯，他們都很驚訝我的正面態度。
我笑笑回答：「不然能怎麼辦，哭也是一天笑也是一天，我選擇後者。」
我們不是不能哭，不能悲傷，
只是眼淚、悲傷、恐懼、負能量，在此時都是癌細胞的糧食。
想到它在我身體裡面已經長得這麼肥大，就絲毫不想再給它任何能量。

前幾天才因為剛看完《正義聯盟》，
滿腦子都是那些畫面，那就拿這電影來舉例好了。
好的情緒、營養的食物、正面的態度，
就是你的好隊友、你的正義聯盟！

如果挨一刀，
可以終止這一切，
我願意。

給出我的乳房，可以結束這災難嗎？
如果挨一刀就可以解決一切問題的話，
那真是不幸中的大幸了。

「我應該快要死了吧！」因為電視劇都是這樣演的，罹癌的人，最後都會死掉。

「還有什麼事情沒做完？」我是個工作狂，還有該寫沒寫的文章嗎？那些等我試用的彩妝呢？

「那我以後可以坐博愛座囉？」醫院說要幫我申請重大傷病卡，也就是說以後坐捷運會比較便宜？其實，這句話，才是我在聽到確診罹癌後問醫護人員的「第一個」問題！

……我根本思緒跳針。

事後回想，剛確診罹患癌症的我，短暫經歷了無法百分百進入事實狀況的跳針時期，腦袋裡想的盡是些與治療無關的事。我還在否認，因為這一切實在太陌生了，我明明看起來就活生生的，但又好像與死亡離得很近。「怎麼會是我啊！為什麼會是我呢……」人在剛接受噩耗初期，一定會反覆經歷否認、憤怒、疑問等夾雜心情，潛意識裡繞來繞去都是這些。後來我才知道這是遭遇重大挫折或意外必經的常態，直到歷經兩次換醫院，複診再確診後，我才漸漸面對事實。

第一次轉診，我先是到一家以治療癌症為主的大型醫院，醫生看過我的報告後，這樣告訴我：「妳的腫瘤那麼大，位置又在淋巴附近，搞不好癌細胞已經透過淋巴跑滿全身了，現在可能全身都是癌細胞了吧！」醫生就這樣當著我的面，把我的病況講得像是沒救了一般。在那個診間，我又經歷一次五雷轟頂的失真感，又一次滿腦子嗡嗡作響，像是第二次被判死刑。我實在無法接受，我該回去直接準備後事嗎?!我沒辦法在那樣毫無希望的氛圍下進行後續處理及診治，所以只好再度轉診。

第二次轉診，終於讓我看見曙光，遇到一位能放心把自己交給他的醫生。他詳細看過我的患部與報告後，告訴我說，我的癌症狀況或許有化療以外的方式可以選擇——手術切除患部腫瘤可能是個選項。

「不用化療！真的嗎？是的話，當然是最好啊，印象中化療是一件很痛苦的事不是嗎？不管是聽誰誰誰說的還是電視上的劇情，不都是這樣演的？而且會變得很憔悴，頭髮還會掉光光，變醜得有多痛苦，我絕對絕對不要。」這個建議很好啊！我心裡這樣竊喜。

「但因為腫瘤有七、八公分大，是很大的面積。所以，如果最後決定動手術切除，妳可能會失去整個右胸，妳可以接受嗎？」

可以接受嗎？我當然百分之一百地接受！當下，其實只要有「任何」化療以外的選項，我都會選的。我不想化療，因為我不能變醜、我不想變醜、我不可以變醜。我不可以、不願意，我絕對不可以變醜，為什麼？

因為我想的是，如果不用化療，或許能在沒有被太多人發現的情況下，走過整個療程，搞不好我還能存活下來。

我實在太好強了，真的不想走到以「重大傷病患者」身分面對外界的地步，那太踉蹌了，光用想的就知道我會多難受；如果不用化療，或許我整個人「看起來的樣子」也不會有太多的改變。胸部沒了，可以事後重建，搞不好，還有機會做得比手術前更美，反正那麼私密的地方也只有H看得到；就那麼一個人而已，而不是會收看我影音頻道、粉絲專頁的上萬人。兩相比較下，當然是只給老公看到的窘迫感會少得多。

但，如果是外型上得經歷不得已的改變，就不是那麼一回事了。我是美妝部落客，我擁有一群常年支持的粉絲、觀眾、廠商。我的工作，就是需要呈現最美的那一面。外型受損帶來的影響會直接衝擊跟我工作所有有關的一切，是「所有一切」，因此，無論如何我都無法接受。

「切，全切，全切沒關係。我可以接受，就這樣決定吧！我接受手術。」我不僅馬上就決定了，而且還一直重複：全切我可以接受、全切我可以接受。我毫無猶豫地回覆醫生，如果真的可以只挨一刀、失去一邊胸部就可以解決一切問題的話，那真是不幸中的大幸了。

「那我們就安排時間手術吧！」

在我決定手術後，我一直以為只要犧牲一邊乳房就可以結束這場災難。

COLUMN
我學到的
第 1 課

面對，
是最好的解藥

自從在影片中公開病情後，一直到現在，我的粉絲專頁還是會時不時湧進許多患者或是患者家屬的留言。大部分都是詢問治療中會遇到的問題：「請問是去看哪一個醫院的醫生？」「崔咪當時是如何發現身體有異狀而想要進一步檢查的？」「接髮是去那裡做的呢？」「我在化療中嘔吐得嚴重，不知道崔咪是不是也是這樣？」……各式各樣的問題都有，甚至還有不少留言是推銷偏方或是保險的，有點傻眼。

我不是醫生，只是個過來人，所以就以一個打過仗的患者身分，分享經驗，希望可以給正在經歷病痛煎熬的你們，一點點我所能盡的支持。

很多人都會問我在哪裡看的醫生？直接說主治醫師

的名字與院所，會覺得有點在打廣告，我只能建議掌握一個大原則：比起這位醫生是不是某某某領域的權威、擁有很大的名氣、有多少患者要排他的門診、等他的手術時間，我覺得更要誠實聆聽自己內心的感受，試問自己：「你能信任這位醫生嗎？」或是「你會放心把身體交給他診治嗎？」更直接一點，「你喜歡你的醫生嗎？」

治療是一條漫長的路，就算挺過化療，也還有一連串的回診、重建、復健等，能不能接受醫生的治療方式、能不能在他面前感到放心、他能不能體恤你在意的事、給予你所需要的協助……這些在治療中都至關重要。患者的心情如果受干擾，影響層面可大可小，有時候我會因為醫生的一句話就咬牙堅持下去，反過來也是一樣。所以，如果你已經做過各式各樣的準備與資料蒐集，正在猶豫跟哪個醫師的診，不妨讓心幫你做決定。

還有一個絕對不能忽略的重點，「及早發現及早治療」雖然是一句老話，但確確實實是真的。人在接受噩耗時，第一個反應一定是拒絕接受事實，再來就是對事實感到憤怒。我親身走過這個歷程，很清楚否認重大疾病發生在自己身上的感受。但我很幸運的是，在我拒絕事實的期間，腫瘤並沒有趁此長大到足以奪走性命的地步，但有些患者就不是那麼好運了。

我曾聽過其他患者分享，一個年輕母親剛生下寶寶後沒多久就發現自己罹患乳癌，她擔心治療會影響到哺乳，對剛出生的寶寶不好，一出生便沒有完整的母愛。還猶豫著要怎麼治療以及尋找適合醫師，才短短三個月，腫瘤已快速長大到無法做任何治療，所以很快就離開人世。

才三個月而已……

如果你身邊有因為放不下在意的事，正拖延診治時間的親友，請注意這是很危險的。癌症要殺死一個人可以很快速，一定要當機立斷好好面對。

每次聽類似的故事，都會覺得自己很幸運。我在發現腫瘤的初期，因為工作太忙捨不得放掉，再加上第一個醫生以為我有隆乳，沒有立即診斷出是惡性腫瘤，又讓我拖拖拉拉了好些時間。等再隔半年正式確診，我的腫瘤已經長到了七、八公分。所以，千萬不要懷著僥倖或抗拒的心情，及早診治，存活率與治癒率才會越高。

我以為我在哭求，
在旁人耳中，
卻不過是微弱的哀嚎。

我像在跟 H 交代後事一樣，

跟他說用什麼花、我要穿什麼衣服、化怎樣的妝……。

H 哭了，那是他第一次為我生病的事掉眼淚。

我把日子過得跟平常沒兩樣，中間還接了工作。因為這次的工作，我與H兩人去了趟花蓮。

那趟旅程中，有一些對話我記得很清楚，當時我們討論著，到底是比較不想失去一邊的乳房？還是不想失去頭髮？「絕對不能失去頭髮，絕對不能！」我想都沒想就這樣回答。只要想到有任何一點點掉頭髮的可能，就會讓我痛苦不堪。這些事在我心裡有過很多拉扯，在幾次轉診與尋找醫生的過程中，我甚至還花了一大筆錢去求神問卜。

那還是四處去打聽後才有的門路，光是排隊就要排好久耶。我把看過我報告的醫生姓名，逐一拿給宮廟裡的人看，為的就只是想知道：「哪個醫生可以讓我不要化療？」

還有另一段對話，現在回想起來依舊記憶猶新，我像是在跟H交代後事一樣，跟他說在喪禮上要用什麼花、我要穿什麼衣服、化怎樣的妝之類。H聽一聽，哭了，那是我確定罹癌以來，他第一次因為我生病的事情掉眼淚。

那趟花蓮之旅就像在做一場道別，對過往一切像是可預測的人生道別。我不知道腫瘤切除後會有什麼樣的結果，我只能盡力想像最後會是個皆大歡喜的結局降臨在我身上，像是這樣：

「腫瘤切除後，如果最後確認沒有癌細胞從淋巴進入身體其他部位，那就代表沒有擴散，只要後續追蹤定期回診、按時服藥就可以了；而有關乳房重建部分，也可以在術前預先選好想要的胸型，如果手術進行得順利，可以一併進行重建手術。」

這是醫生對我說過最完美的可能性，我就是抱著這樣美好的打算走進手術室。我的想像是，當我挨了這一刀，睜開眼睛，不僅腫瘤消失了，胸部也一併回來了。

乳癌分有許多種類型，針對每一種乳癌類型，何者才是最適合的治療方式，都需要很詳細、謹慎地綜合評估。治療，極可能是一連串無法預測結果的嘗試，可能有效也可能無效。但我這個病人，總是撿最正面的結果來聽，因為我極度需要知道最好的結果會怎樣發生；如果一無所知，我真不知道自己該帶著怎樣的信念被送進開刀房。

最後，腫瘤雖然切除了，但是癌細胞有沒有從淋巴進入身體其他部位呢？很遺憾的，事實不如我預期，它已經開始轉移了。

手術結束後，我從恢復室被送回病房，在意識模糊中張開眼睛。麻藥的效果還沒退，包括聽覺、視覺、觸覺等所有感官都還在恢復中。醫生站在我病床邊，用非常和緩且冷靜的語氣告訴我，由於在手術過程中發現癌細胞已經轉移，醫生依照我的情況宣布我是乳癌第三期，所以接下來我必須接受化療，繼續下一個階段的診治才能清除體內癌細胞。我還在恢復中的微弱聽覺聽到這個結果後，開始尖聲大叫：「誰說我要化療！我不要化療、我要去死，誰說我要化療了！要我化療、我就要去死！」

我真的以為自己是用盡全身力氣哭喊出這句話，但畢竟我的身體才剛剛被劃開長長一刀、身上還纏著層層紗布。我以為我在哭求，事實上在旁人耳中聽來，不過是一時無法接受而情緒失控發出的微弱哀號。

崔咪祕密日記

我不是勇敢，只是主動迎戰比被動挨打簡單。

你有沒有過一種經歷，
和朋友玩遊戲的時候，輸了被懲罰，
不管是彈耳朵或是彈額頭，
閉著眼睛等待被懲罰的那一刻。
真的是很難受，
到底什麼時候那一掌會下來，多輕？多重？多痛？

每次被稱讚勇敢的時候，
我都想了很久，
我覺得我並不是一個勇敢的人，
只是這樣比較容易。

我最害怕的是
「美的信念」被否定，
好像它根本
不值得成為一個人的信念。

我一直把「美」放在生命中很重要的位置。

我為它感到自信、為它而活、為它努力、

為它願意鞭策自己更上一層……

什麼是生活的意義與熱情？什麼是生命？

在這個世界上有一件事，是讓我一點都不想跟它分開，可以一直做一直做都還是那麼熱愛，沒有一刻感到膩；在這個世界上有一件事，是我每次一想到它，都會有種充滿動力的感覺，那是打從心裡覺得——啊！這就是我生下來要做的事。

如果，找到這樣一件事，就等同找到生命的意義與熱情來源的話，對我來說，我老早就找到了，那就是「美」。

得知要化療，衝擊我的並不只是必須得忍受頭髮掉光變醜而已，雖然我也是千萬個不願意。對我真正的打擊是，我一直以來信仰的「美」，我為它感到自信、為它而活、為它努力、為它願意鞭策自己能有更上一層的動力⋯⋯。我對「美」的追求與愛，一直把它放在生命中很重要的位置。但是此時此刻，那麼重要的位置得拱手讓人了？在乳癌第三期面前，「美」，這件我幾乎視為生命意義的事，怎會一瞬間變得好像算不什麼了？未來主導我生命的，將會是這個惡性腫瘤，而不再是我熱愛的「美」。但對於這樣的事，我卻一點都不能反抗？

因為可能會有人來告訴你，先求活下來，以後才有可能繼續做自己熱愛的事；可能會有人來告訴你，就算外表會經歷短暫的改變，但是你還那麼年輕，一定有機會可以恢復成先前的狀態。

在這樣的假想下，我最深刻的恐懼開始浮現。最深最深的恐懼，是我都已經鼓起勇氣，一再對人解釋或證明，「美」是跟我的命一樣重要的事，但別人聽了之後，卻可能還要來說這樣不對？

這是我最害怕的事，對美的信念被否定，好像它根本不值得成為一個人的信念一樣。

得知要化療的那晚，我一點都睡不安穩，整夜地哭，甚至還想過如果真的不想化療，要不要乾脆現在就逃出醫院好了。我不要化療、不想化療、更不想變醜，想到那乾枯的皮膚、最終都會掉光的頭髮眉毛，那我還是死一死好了，這樣起碼我死掉的時候還能守住自己對美的信仰。

我的念頭一直煞不住車地往壞處去。事後回想，讓我冷靜下來願意面對事實的，是我對家人的不捨。我如果真的任性不接受治療，我的家人、我的父母跟弟弟，還有最親愛的H，就要承受失去我的痛苦。比起自己堅守像生命一樣的熱愛，難道我就真寧願這樣的事情發生嗎？

崔咪祕密日記

今天我就恢復正常了許多，
不過在等候室的時候，
有和我一樣的年輕面孔，一樣紅了眼眶。

唉呦，堅強這件事情說起來很容易，
但是做起來還是有難度的，
要給自己心理建設再建設。

有可能被人家當面一問就崩盤。
所以我都說不要當面問我、不准當面問我，
也是保留給自己一點點的小空間。
和我說說你最近發生什麼無聊好笑事情就好，
讓我脫離一下目前要面對的事情，
這就是你給我最好的支持。

Chapter 03

華麗的戰爭

就要頻繁進出醫院了，
不管怎樣，「美」對我來說還是很重要的，
任何時刻，
這個想法總可以刺激我再多走一些路。

未知，是最大的恐懼；
漂亮，若能讓自己安心，
為什麼不？

當你哭鬧埋怨，只會看見眼前關著的窗；

當你擦乾眼淚，願意轉念，

會發現背後還有光，還有更多扇開著的窗。

我得預備好自己的心態，讓我面對接下來要發生的事。

「當你哭鬧埋怨，只會看見眼前關著的那扇窗；當你擦乾眼淚，願意轉念，會發現背後還有光，還有更多扇開著的窗。」我在抗癌期間寫下很多日記，這是其中一篇，是在極低潮時所寫。

我有一個密友也是癌症患者，罹患卵巢癌末期，經歷過多次化療，但每一次她都是用最正面樂觀的態度去迎擊。我剛確診時，她幾乎是我各種問題的諮詢對象，不論是蠢的、瞎的、傻的。這種特殊時刻，也只有病友才會知道怎麼有效鼓勵生病的人了。

癌症這個病，最令人害怕的地方是對未來的未知。滿腦子裡塞的念頭都是：我的未來會在哪裡？我怎麼了？該怎麼辦？我會死嗎？在確診的第一時間，以及後續許許多多因此而軟弱害怕的時刻，時不時會浮出這些想法。

每次，只要我冒出「放棄好了」的念頭，過不了一天，它就會被另一股不甘心的氣惱取代：這個世界我還沒看夠，還沒玩夠，就算現在擋在我眼前的路障是惡性乳癌三期，別人可以樂觀地面對，我為什麼不可以！

擺在眼前的化療是無可轉圜的事實，必須面對，那至少我可以做些什麼讓自己在療程中不那麼痛苦吧！

即將就要進進出出醫院了，不管怎樣「美」還是很重要的，任何時刻，它總是可以激起我再多走一段路的鬥志。

我第一個想到的是漂亮舒服的睡衣，因為醫院病人服實在滿難看，再加上光頭……，天啊！我不敢再往下想了；我也買了光看就很愉悅、可以刺激食慾的美麗餐墊，因為聽說在醫院吃飯很無聊。想也知道，在醫院吃飯是能怎樣的「有聊」呢？用個美一點的餐具，起碼視覺上不會讓人食不下嚥，聽說化療有個副作用就是會嚴重影響食慾耶。

都要接受化療了，怎麼會有力氣花在這些事情上？一定有人會這樣想。

我只是想盡可能地讓自己安心、盡可能減少心理痛苦，準備好去打這場漫長的戰役。病人的意志力以及療程中抱持的態度，實在太重要、太重要、太重要了（所以說三次）。過來人這麼說、谷歌大神這麼說、醫生也這麼說，而這些都是鐵一般的事實。

身為癌症患者，我很清楚身體反應會讓心理承受的痛苦感加劇，如果再不安排一些能讓自己內心舒坦的事，整個療程除了痛苦，大概就沒有其他感覺了。癌細胞都是吃恐懼、憂慮、無望……這些負面情緒而肥大的，為了不再繼續餵食這個壞東西它喜歡的糧食，必須做足一切能讓你安心的事。不管那件事是什麼，只要能讓你更舒坦地進入未知的療程，你—都—要—去—做！

繼續 shopping 嗎？當然不只如此，其實我還特地打了電話、寫了好幾封 email，交代我最愛、最不捨，但是又得暫時放下的工作。

我用那種像在求人但又想掩飾什麼的語氣，拜託幾個向來與我關係良好的品牌公關們，希望不要中斷我的工作機會：「如果你們有新產品，我可以幫忙報導試用，在頁面露出，不收費也沒關係。」好強如我竟會做出這種請託，這些常年往來的工作對象也一定猜到我可能怎麼了，只是大家都很貼心（識相）地沒有仔細追究，「因為最近身體不是很舒服……」我常常是這樣淡淡地模糊帶過。

或許我會好，或許不會，但心裡總還是懷著希望，我如果能活著走出癌症，第一件要重拾的就是美妝部落客這個身分。只是，交代工作的時候，為什麼心好痛呢？

COLUMN
我學到的
第 2 課

人人都需要抱怨垃圾桶

就我所知，憂鬱症患者最常有兩種無助感，一是「感到孤獨」，二是「覺得不被理解」，這兩件事總是一體兩面地結伴而來。事實上，這種心情在癌症患者身上也很常見，畢竟罹癌可不像感冒，當你對人說自己感冒發燒了，對方多少能體會發燒的不舒服。但是，少一邊乳房，可不是隨處能找到同理自己的人。

在這種情形下，只有癌症患者能給予同理支持了。因為在漫長的治療過程中，會需要一個人聽你講講沒病沒痛的人聽了根本不懂、也無法接受的喪氣話，以及只有同為乳癌患者才能理解的糾結。所以我在確診患病初期，在網路上搜尋到一個成員皆是四十歲以下偏年輕乳癌患者的社團「花漾女孩 GO GO GO」，名字很美吧！讓人一點都聯想不到癌症這種壞事。

因為成員們的年齡都很相近，病程中的困擾也比較類似。這個年齡層的患者可能是新手媽媽、結婚沒幾年的新婚人妻，也可能是事業正在往上爬的獨立女強人……，大家在社團裡提出的問題與困擾，較能找到適度的回饋或實用解答。在社團裡抒發一些旁人無法理解的情緒，也不會感到那麼孤單。當我在療程期間心理上有過不去的坎時，這是一個非常能支持我的實際管道。

前面提到我有罹患卵巢癌末期的密友，她是我大學時期到現在的死黨。最好的朋友與我同病相憐，連在生病這件事上都能相互支持，真不知道該說幸還是不幸。她叫雞大王，是我發洩負面情緒的最佳垃圾桶。人在遇上壞事時，絕對是需要抱怨管道的，畢竟沒有人非得當個正能量發散器；有負面想法時，就該有適當的管道發洩。

「我才不要化療，乾脆死一死算了！起碼現在死掉還漂漂亮亮的。」這種話，雞大王一聽就知道怎麼治我，畢竟她是過來人。「不會啊，妳不會漂漂亮亮地死掉，如果妳不治療的話，腫瘤會先快速長大，然後爛掉，爛在妳身體裡。妳的胸部就會先有一個爛爛的大洞，然後再死掉……」她的這些話勝過其他人一百句勸我接受治療的話。為什麼？同為患者一定比較能理解沮喪時的無理取鬧，也知道怎麼應對最有效。雖然這種患者間的對話在健康人聽來可能會太黑暗，但相信我，能在某處被舒緩與理解的負面想法，會散去得比較快。

在真的過不去的時刻，你會需要抱怨垃圾桶，尤其像是癌症這種鳥事！

一句「對」的話，
勝過十句你認為
應該說、想說的話。

癌症患者的脆弱感，是旁人無法理解的，

每一句有意無意的話，

都可能誤觸地雷。

我一直都是個不喜歡將軟弱外顯的人，甚至可以說是非常討厭。所以罹癌的事，在初期，我是刻意隱瞞不讓太多人知道。但是，當事情漸漸從我的至親、家人，擴散到周邊朋友的時候，我接收到的反應，常常是對方一臉漠然或錯愕的表情。

「第三期！妳快死了嗎？」「乳癌！那妳幫我看看我是不是也有？」

（胸部挺過來或是抓著我的手摸她的胸）

……………

我能理解大多數人聽見身邊有朋友得了癌症（或之類的可怕疾病），往往會因為自己也被嚇到，或是缺乏對疾病的認識，所以第一反應都表現得很不恰當。明明想要說些什麼、做些什麼來安慰人，最後卻表錯情，搞得場面很僵。

身為「前」癌症患者，我必須很誠實地說，癌症患者心裡因為恐懼、未知、不安、害怕死亡而造成的脆弱感，是旁人無法理解的。所以，說好一句「對」的話，會勝過十句你認為「應該說」、「想說」的話。

就我的經驗，「我能怎麼幫助你？」是最能讓我感受到對方願意陪伴、願意支持的表達。雖然字面上沒什麼，但真的已經非常足夠了，所以像是：

「你要好好活下去喔。」我不就在好好活下去嗎？沒看到我正在接受那麼痛苦的治療？

「加油！」無話可說時硬擠的話，不如什麼都不說還比較好。

「你會好起來的，現在醫學那麼發達。」可是就真的有人沒有好起來啊，萬一剛好是我呢？

上面舉的例子，說難聽點，一點忙都幫不上。我們內心在承受疾病折磨時，會有多不勝數的負面想法。硬是要挑剔，每一句都會讓旁人的好意與支持顯得適得其反。

「我能怎麼幫助你？」不要小看這句話，聽起來雖然簡單卻很受用。記下來，說三次。如果你想對正經歷重大傷痛的人表現真誠關懷，在言語上適度且正確地支持，真的很重要。

還有還有，正在與重大傷痛對抗的人，不會有多餘力氣安慰別人。所以，請不要在他們面前表現你的難過，那只會徒增我們的罪惡感與壓力。你永遠不會知道我們已經背著你流了多少眼淚，要我們再來同理你的傷心難過，老實說……很殘忍。

我自己也因為這緣故，與家人間數度有過情緒緊張的時刻。

COLUMN
我學到的
第 3 課

面對傷心的人，不要這樣做

1 不要表現得比當事人更難過：

當我們願意說出病情時，其實在心裡已經崩潰過無數次，經過不停地建設再建設才有辦法說出這些話。但我最怕的就是，對方聽完我的病情描述後，雙眼泛淚，一副要哭的樣子……。

悲傷是會傳染的，眼淚也是，這會讓我們好不容易建立起來的自信和面對疾病的勇氣，崩潰決堤。你哭完了就沒事，但我們哭完了，問題還在。生病的事實不會因為這次的哭泣而減輕，反而需要再來一次心理建設。所以不要輕易破壞我們好不容易建起的圍牆，此時此刻的我們就是玻璃心。

另外一點，如果你表現得很難過，我們還要安慰你；但你知道這種心情多○○××嗎？生病的是我，要面對的也是我，為什麼我還要反過來安慰你，假裝說「我沒事、我很好！」我就是不好啊！（心中無限循環OS）

2 不要追問病情細節：

除非你能給予真正的幫助（例如幫忙買營養品、幫忙找醫生醫院），再來詢問病情。如果只是為了滿足好奇心，這世界有更多值得你去做的事，拿別人的病來當聊天話題，一點都不恰當。

我就遇過問我是乳癌第幾期的朋友，當我回答完「第三期」，他的回覆竟是：「那妳會很快走嗎？」

當下真的很想甩他幾百個巴掌，當然這種朋友後來我也就封鎖了，不然我沒病死之前，可能會先被他氣死，都生病了就不需要再忍耐這種鳥事（吐舌）。

3 別讓生病的朋友，幫你看看是否有生病：

很多人可能不覺得這會有問題，但其實聽在我心裡是很難過的。之前告知一位朋友罹癌的事……

友：「妳怎麼知道妳罹癌的？」

咪：「摸到的，因為胸部有不規則的硬塊，去檢查切片確定是惡性。」

友：「硬塊!!!我胸部也滿硬的，該不會也有乳癌吧？」

咪：「……」

友：「妳摸摸看，快幫我摸摸看有沒有？」（著急樣）

當場真的很想用龍爪手捏爆她那兩粒。好吧，我ＥＱ比較不好，但癌症不是開玩笑的，好嗎？妳懷疑自己有乳癌，就去看醫生啊！有病快醫，不要騷擾玻璃心的朋友（我說我這種）。

TRAMY 頻道

看崔咪的
影音分享

COLUMN
我學到的
第 4 課

給予關懷，可以這樣說

1 問問對方需要什麼：

如果你真的想關心對方，可以問他目前需要什麼？以前我可以常常出國買東西，但治療期間一切都要暫緩，只好拜託朋友幫我從國外代購，漂亮的帽子、舒服的假髮、適合的保養品……諸如此類的大小幫助，給了我很大的滋養。

2 做好分內事，別讓對方擔心：

對抗癌症，需要很大的專注力和耐力。如果你是子女，就好好讀書或幫忙打工，減輕家中負擔；如果你是伴侶，請當起家裡的支柱，經濟方面、感情方面，都不要讓另一半擔心；如果你是父母，要更注意自己的身體，否則你們累倒了，我們會更更更內疚難過。

偶爾我看到那種伴侶罹癌，結果另一半還出軌偷吃，都會想……你們不怕報應嗎？不是不報，時候未到欸！

3 多做功課，一起討論如何減輕痛苦：

這可能要親密的朋友或是家人才能做到。畢竟生病之後，會看清楚很多人只是「普通朋友」，但也不用太難過，因為還是有真正愛你的人。像我的家人和H，在我生病期間主動加入癌症社團，去看病友分享的食譜或經驗，幫我了解接下來要面對的療程，有哪些應對方法，或是可以減輕不適症狀的食物，讓我在治療期間覺得輕鬆很多。

4 分享輕鬆的事情，轉移注意力：

我覺得這點滿有用的，特別是很多朋友想和我說什麼，又怕說錯話時，我就直接告訴他們：「多說好笑的事吧，或是美麗、好吃的東西。」

生病的日子很漫長，尤其是開刀之前化療之後，身體會變得很虛，很需要有事情轉移注意力。朋友常會轉貼一些很白痴的東西給我，讓我覺得自己和以前一樣，可以暫時脫離生病的悲情。

崔咪祕密日記

人生中絕不會背叛你的三件事情

#可能比另一半都還可靠
#感情也不是付出就會有回報的

但這三件事一定會回報你
——保養、健身、學習

這三件事情只要花了心思、花了時間、下了功夫，
一定會百分百回報給你，
而且別人無法拆散。

我不是勇敢，
只是主動迎戰
比被動挨打簡單。

動頭髮的前一天，我在家裡哭了一場還不夠，

等到剃刀在我頭上滑動，讓頭髮一把一把落下來時，

又是稀哩嘩啦地崩潰大哭。

如果能知道自己接下來要面對什麼樣的敵人，我會更清楚該如何去打這場仗。雖然很不想去閱讀那些血淋淋的資訊，因為我看到的每一句話都在告訴我，自己的身體將要面臨哪些磨難。但，比起未知，我還是寧可選擇上網竭盡所能地查詢相關資料。不管是掉髮、嘔吐、食慾不振等等副作用，或是癒後復發的問題，甚至在網上，我也很容易就查到乳癌第三期存活率等等很真實的討論。就算這些資訊看了心情無法美麗，但預知下一步，還是讓我心情踏實不少。

與其挨打，寧可做好預備，我想先知道接下來會發生的各種確切痛點，連我最不想接受的「落髮」也是。

之所以會抗拒化療，最主要是因為不想失去頭髮。但歷經這段期間反覆的逃避反抗又承認後，我還是得面對這一天。向心愛的事物說再見，或許需要一場真正的儀式，好好道別，才能放下，畢竟我已經盡了一切努力。最後一課，也是最難的一課，是接受，現在我該要學著過這一關了。

我很當一回事，慎重地預約了造型師好友，告訴對方我想在化療前先把頭髮剃光，光頭好歹還是個造型，要我看著最在乎的頭髮一把一把地掉，真的……唉……

電影裡不是常有這種橋段嗎？有人要跑路了，想要改頭換面掩人耳目，就是站在鏡子前，拿著剃刀把頭髮剃光；也有跟我的遭遇很類似的情節，劇中主角因為罹癌要去化療，治療前，很壯烈地把頭髮剃光。

壯烈勒！

根本就不是那麼回事，對視美如命的我來說，簡直像送葬儀式一樣難受。要去動頭髮的前一天，我真是傷心死了，先在家裡哭了一場還不夠，等到剃刀真在我頭上滑動，讓頭髮一把一把落下來時，我看著鏡子裡的自己，又稀哩嘩啦地崩潰大哭了。

但我選擇把這個過程完完整整地記錄下來，製成短片，還公開在粉絲頁面上。現在回想起當時的心情，會被人看到變醜的外表已經是另外一回事。當下我的念頭是，記錄整個抗癌歷程，記錄自己如何面對重大疾病的掙扎與勇氣，可能之後會有一天，雖然我不知道這天會不會來，可以去鼓勵跟我有同樣遭遇的患者。

當下的我是這樣希望。

然後呢？然後，我就開始化療了。

我的乳癌是荷爾蒙型，八次化療每個月投一劑，要先投四劑小紅莓，再投四劑歐洲紫杉醇，這些都是藥效很強的化療藥物。我記得很清楚，第一次化療時，幫我用藥的護士都是全副武裝，穿著層層保護衣上陣。這些藥劑的作用、強度真的就是那麼嚇人，不僅會殺死我體內的癌細胞，也會順路殺死其他正常細胞。

在自然界，多數美麗的、豔麗的東西都可能有毒，注進我體內的小紅莓跟歐洲紫杉醇，聽起來也那麼美，但對我來說，卻像是毒藥一樣。

COLUMN 我學到的 第 5 課

躲避不如主動迎擊

並不是每一種化療藥劑都會讓患者在接受治療時大量掉髮，還是得看所投藥物的種類。乳癌細分為很多種類型，我的乳癌屬於荷爾蒙型，所用的小紅莓和歐洲紫杉醇，剛好都有會造成掉髮的副作用。建議在就診時就要詢問主治醫生所使用的藥劑、相關副作用等等。如果你正好也是容易在意外表的個性（像我一樣），起碼心裡可以先有個底，想想是不是要主動先剪短頭髮，或是準備假髮、帽子等。

化療的落髮是手碰一下就大把大把地掉，我會想要先剃掉，一方面是過不了自己心裡的坎；另一方面也是因為凌亂的掉髮會讓人看起來沒精神，清理上也很麻煩，東一把西一把地沾在衣服上，不免增添煩躁感，索性狠下心先剃個三分頭（也不是真的大光頭啦）。

事前有這些預備，確實能舒緩外型改變、頓失自信而導致的偶發性低落情緒。另一方面，我也能先體驗頭髮變短後，頭部的保暖需要。大家都知道，保暖對化療患者來說很重要，因為身體抵抗力會變差，一點點小感冒的打擊都可能承受不住。剛好我是在冬天時作化療，實在不知道少了頭髮保護，會不會很容易受寒，畢竟我也從來沒有在冬天頂著大光頭吹冷風。

總之，頭部很容易受寒，特別需要保暖，這點一定要特別注意。

請不要表現得比我難過，
你的陪伴
已足以讓我感受到愛。

把我當個正常人吧！

聊聊病況以外的事，再一般、再日常都好。

那會讓我暫時忘記自己是個病人。

在朋友想來探望我或是想打電話關心我的時候，經常遇到同種情況，就是他們竟然一個個都表現得比我還難過。

我想告訴大家，如果你身邊有家人或是親近的朋友生病的話，千萬不要在他們面前顯露你的情緒，要難過或是要哭，都請到他們看不到的地方去。站在他們面前時，請先確認自己已經整理好情緒，把眼淚擦乾，因為生病的人沒有多餘力氣安慰他人。多數人對於死亡都是恐懼的，身體正受疾病折磨的患者心裡更是有無處紓解的龐大壓力，在他們眼前表現不捨、心疼，都只會加深他們的罪惡感而已。

我便曾經因為類似的事與媽媽鬧得小不愉快。漸漸習慣治療的節奏後，如果體力還行、精神ＯＫ，我都會想要出門放風走走，而不是整日關在家裡。有一次，我特地回媽媽家吃晚飯，她看著我，突然沒來由地悲從中來，對著我直掉眼淚，喃喃說著：「我寧可這些事情發生在我身上……」老實說，當下的感覺很不舒服，不是因為覺得煩，而是罪惡感！因為我生病拖累家人，讓他們那麼難過的罪惡感。但是我有什麼辦法，癌症就是找上我了。面對這種莫可奈何的人生意外，罪惡感讓我的情緒表現只剩下生氣！

「媽，妳不要這樣子喔！起碼在我面前不要，妳這樣我會不知道怎麼辦……」

後來，我告訴家人需要設立一個界限——請他們不要表現得比我難過。也告訴他們，他們對我的愛與照顧，我都從陪伴我、為我準備想吃的食物中感受到了。但是，像眼淚這種情感表達，暫時先不要吧！

其實，要關心病人最好的做法，就是把他當個正常人，聊聊病況以外的事，就算是聊自己的事也好。如果我剛好有體力可以和朋友聊天的話，我會希望對話內容可以是很一般、很日常的。那樣的談話會讓我覺得自己處在正常的世界裡，暫時忘記自己是個病人。

喔，對了，像是「你要為我們加油！為愛你的人活下去！」這種經典廢話，真的可以免了。我們連為自己活下去的機會都不知道有沒有了，更何況是為了別人呢？

崔咪祕密日記

知道自己得癌症的那一天，
我根本不敢當面和媽媽說這個噩耗。
當時還有太多未知，
不知道自己還可以活多久？
不知道自己的病情到底多嚴重。
「媽，我得乳癌喔。」
我用毫無溫度的言語告知病情，
就像說我感冒了一樣簡單。

一向冷靜的她，在我回家的時候，
已經在門口等待。
媽媽說：
「如果可以幫你分擔一點痛苦就好了，
這個病如果在我身上就好了。」
這是所有愛自己的人會說的話，我懂。

然而，我真的沒力氣了，我抬起頭看著她說：
「媽，妳現在唯一能幫我的，就是管理好情緒，
妳不能比我難過或悲傷。因為我所有的力氣，
都要來對抗病魔，我沒有力氣安慰妳了。」

生病的人沒有資格、也沒有能力安慰人，
但為了安慰對方，
只好說出「我ok啦、我還可以啦」的違心之論。
這都不是實話，
明明很痛苦，但面對親人的難過，
我們必須說謊讓對方收拾情緒。

所以，請照顧好自己的情緒，
因為現在的我們，只能先照顧好自己。

COLUMN
我學到的
第6課

找回頭髮，假的也沒關係

若認真考慮在療程中配戴假髮，有些假髮的選擇與保養，可以跟大家分享（沒辦法，我太在乎頭髮了）。

1 選擇真髮製作的假髮：

如果預算許可，非常建議買一頂真髮製作的醫療級假髮，一頂就勝過好幾頂用合成纖維製成的假髮。

在確定要接受化療後，常因為知道自己即將要掉髮而焦躁不已。所以趁治療前的最後一次出差，在東京一口氣買下將近十頂的假髮，但全都是合成纖維材質，又是日本妹做造型用的，非常不適合敏感纖細的化療病人。戴上沒一會兒就又悶又熱又癢，幾乎撐不到一小時便想拿下來。事後想想，這完全是衝動購物，那些假髮被我束之高閣，沒再戴過。

以真髮製作的假髮，我個人使用的感覺是比較透氣，材質上也較親膚，直接碰到頭皮不太會過敏、紅腫或發癢，確實舒服多了。

2 清潔與保養：

我的習慣是每週清洗一次，畢竟不是從身體長出來的，不會有那麼多油脂要清潔，自然不需要像照顧真髮那樣高頻率的整理。

清洗時，我會在洗手台（或臉盆），先加入洗髮精打成泡泡水，再放入假髮，像手洗貼身衣物那樣輕輕拍打沖洗，不需要用力搓揉。先用泡泡水洗一次，沖掉泡沫後，再換一盆新的清水重覆清洗動作，就完成假髮的清潔囉。

注意，護髮很重要喔。因為假髮沒有皮膚的油脂可以滋潤，配戴時髮絲很容易乾燥打結，所以每次清洗完，我都會用「大量」的滋潤型護髮霜幫整頂假髮護髮，這個步驟非常重要，不要略過！

3 造型與吹整：

不妨準備一頂假人頭，之後就可以在上面做頭髮的造型吹整。

其實假髮的吹整，跟真髮沒什麼不同。想想你洗完頭髮偷懶沒吹乾就睡著的經驗，是不是很容易大變型、瀏海移位、髮尾亂翹一通。假髮也一樣，所以我自己的吹整程序會先吹乾頭皮，再將髮尾分個幾層，用電捲棒處理彎度，因為髮尾是最容易亂捲亂翹的部分。

這樣可以讓假髮在視覺上自然點，更接近真髮。一般假髮給人很假的印象，很大原因是整體彎度太一致，層次又少，看起來便顯得僵硬，這點是可以用吹整來改善的。不過，切記電捲棒溫度不要調太高，萬一髮絲被傷到，可是無法再生重新長回來喔！

TRAMY 頻道

看崔咪的
影音分享

可以為我們愛的人
做些什麼？
愛，就是把飯吃光光！

如果連這樣委婉表達愛我的方式，
我都不肯接受的話，
不就剝奪了他們想幫我分擔痛苦的心意？

療程中，我很頻繁地進出住院。某一天，記得當時是冬天，大概是因為寒流來襲、天氣冷、萬物蕭瑟的關係吧，我竟然沒來由地感傷起來。那天晚上，在爸媽家用過晚餐後，爸爸堅持要幫我提住院要吃的食物回家。

那時，我的右手因為淋巴切除的關係，不太能提重物，偏偏天氣冷又下著雨，看著年紀已經那麼大的爸爸，冒雨幫我提食物的背影，當下一陣悲催襲上來，真覺得自己是個不孝女。自從罹癌以來，除了偶爾情緒失控崩潰大哭外，大部分時間，我都表現得像個沒事人一樣。但偏偏我就有那麼一個弱點——我的父母、家人和H。只要一想到他們為我操透了心，就會自責不已，氣自己那麼需要人照顧。

我也想過堅持不要爸媽操心，別再幫我張羅吃的。雖然我是個病人，但自己煮三餐這種小事應該還負擔得來。但是爸媽的回應也很堅持：「我們已經無法代替妳的身體承擔這些病痛了，如果有什麼地方還幫得上忙，也就是幫妳準備吃的，這至少是我們能做的。」

我說過自己是個非常好強的人，但是一聽到爸媽的理由，便完全軟化了，雖然心裡還是很難過。但如果連他們這樣委婉表達愛我的方式，我都還抗拒、不肯接受的話，不就剝奪了他們想幫我分擔痛苦的心意？這樣一來，爸媽一定會更焦慮的。

所以我開始收集很多癌症病人能吃的食物資料，讓他們做些我想吃的給我；而我能回應這份愛的方式，就是每次都吃光光，每次都說：「真的很好吃啊！」

愛，就是把飯吃光光。

崔咪祕密日記

生病以來，
雖然我表現得堅強樂觀，
但是每每想到我的父母、家人們和H，
為我操透了心，
我就有一種，
恨自己不成鋼的感覺。

但你們知道，
生自己的氣不能夠生太久，
甚至也不應該懊悔以前哪些事情沒做好，
而是要放眼未來，
接下來我們還可以做什麼，
可以為我們愛的人做什麼。

COLUMN
我學到的
第 7 課

用正確的方式保護自己

針對化療期間的日常飲食，我整理了一些心得，希望可以為同是天涯淪落人的病友提供紓解。當然，我的建議絕對稱不上專業，畢竟我不是醫生，只是有過「特別經驗」的過來人。但我想說的是，只要是吃得下的東西，就算在大眾認知裡被歸到「非健康食物」，只要還能吃、還想吃，就盡量吃。

吃得下、睡得著、排泄正常，做到這三點，就是超級棒的癌症病人，為對抗病魔打好基礎！以下分享我的飲食經驗：

1 止住噁心感、避免嘔吐很重要：

我在治療期間，每天會認真做的一件事，就是找出我吃得下、不會吐的食物。

因為藥物副作用產生的嘔吐與噁心感、口腔黏膜破裂，所以進食時會特別疼痛，對化療中的病人來說，吃東西真是件苦差事。試著想像口中同時有好幾個嘴破傷口，一直從口腔蔓延到喉嚨深處……，不吃，有時候反而比較舒服。

所以，先求吃得進去，讓身體先有力氣打仗再說，對生病的人來說比什麼都重要。（這當然不包括菸酒啦！不管有沒有生病，這兩者都要少碰。）

如果嘔吐問題真的很嚴重，不妨詢問醫生，是否有藥物可舒緩。我知道有些止吐藥物是可以自費請院方開立。我在治療期間也使用過，建議依實際治療情況與醫師討論。

2 嚴禁生食、禁飲生水：

正在接受化療的病人，身體的脆弱程度不是一般人可以想像。因細菌感染而產生併發症的機率，比一般健康正常的人多上好幾倍。所以啊，現代人很習慣的快速方便飲食，往往含菌量太高，對我們來說幾乎完全不適用。過往習慣的飲食方式一定要立即調整，嚴禁生食、禁飲生水（畫重點）。

包括在各種料理常見的生蔥花、日本料理的生魚片、餐點放在開放空間讓人自由夾取的自助餐……，對癌症病人來說都不是適合的飲食選擇。

而很多人都喜歡的手搖飲料，並不是完全不能喝，只是需要一些額外的步驟及注意事項。千萬不要喝到生水，因為未煮沸的生水裡可能會有患者身體無法負荷的細菌，如果真想喝，比較安全的做法是買回家後先煮沸再放冷。老實說，喝飲料這件事是我在療程中少有的幸福感，當甜甜的手搖飲進入口中，不僅滿足我們飲食上的限制，甚至還有被規定不可吃零食的小孩，躲起來偷偷違規的快感！

「珍珠奶茶加雞排也可以嗎？」

「可以，吃吧！能吃、想吃就盡量吃，想喝飲料也不要硬是忍耐，吃得下最要緊。食療、養生或用清淡飲食保養身體，那都是療程後的事了。」

對了，治療期間的口腔清潔，包括刷牙、漱口之類，也要盡量避免碰到生水。我每天刷牙洗臉用的水都是用開飲機煮沸過的，刷完牙之後還會用抗菌液再漱口。抗菌功課要做好做滿，盡量減低不必要的感染。

3 多多補充蛋白質：

我自己補充蛋白質的方式是多吃肉類或毛豆。香蕉也是很好的選擇，但記得不要空腹吃。

如果有不敢吃的肉品（像我就不敢吃牛肉），可以參考市售的滴雞精、滴牛肉精、鱸魚精等等。這些食品很多都是為產後、化療中或是老年人等身體情況較虛弱的消費者設計，食用起來也相對安全，但還是要多方比較。有些患者會因為治療的關係，對食物的氣味變得異常敏感。平日能吃敢吃的食物，化療後都不一定吃得下。因此，基本原則就是不嘔吐。

4 喝進充足水分：

施打化療藥劑前後，要盡可能地補充大量水分。喝進越多水分，藥物帶來的副作用也會越快隨著水分排除，讓不適感快速舒緩。我記得第一次打化療藥劑時，我一口氣喝了四顆椰子水，連家人準備給我的洛神花飲也喝光光。特別是知道小紅莓有個副作用是會讓身體燥熱，所以事前我就預備了很多可以清熱的飲品。

崔咪祕密日記

我很認真地和朋友說，
偶像劇、電影啊，都把化療演得太可怕了。
可能以前是那樣吧，
但現在已經有很多藥物，可以幫助減緩不舒服。
讓副作用減到最低，
厭世感就會降到最低。

不論面對哪一種崩潰，
冷靜的你，
都用「包容」說盡了愛的語言。

我在抓狂中一直重複著他不愛我了不愛我了，

一邊還想著，這是我的病、我的身體，只有我能自我解嘲。

只有我有權利，你憑什麼笑我、憑什麼！

「不然我們離婚吧。」我跟H這樣說過。有一度，我真的非常認真想讓他離開我這個拖油瓶。從交往、結婚那麼多年的時間，我一直都是個獨立、很能照顧自己的女生。卻因為罹癌，變成一個自己都感到陌生的小嬰兒狀態，原本能自己完成的事情，都需要他的照顧。我很不習慣這樣的自己，沒法工作、沒法外出、沒法賺錢，讓我打從心裡覺得對不起他。

「妳怎麼變得好黏人喔。」有幾次H這樣跟我說。

我對他的愧疚，也包括在漫長的治療過程中我時不時會情緒崩潰，而他總是一個人獨自承擔這種瘋狂的局面。

好比說，療程中有好幾次，我都猜想是不是因為用藥的關係導致內分泌失調（這只是我自己的猜想，是否真是這個原因還需要醫生專業解說），偶爾會有突如其來的悲傷感，就像憂鬱症患者那樣，沒緣由地絕望、難過，覺得人生活成這樣真是沒有價值，整個人一點意義都沒有，什麼都不能做，還像個人嗎？當我被這樣暗黑的想法襲擊時，會在家裡大哭到不能自已，哭倒在地上，甚至失控尖叫：「我不想忍受這些治療了，乾脆死掉好了。」

又好比說，我常常被我的頭髮搞得很煩很煩，真的很煩。

在我接受化療的時候，常常寫日記記錄心情。第二次化療後的第八天，那天我寫下：「今天真是心情大好啊！把亂七八糟的頭髮剃光光，整個人神清氣爽，啦啦啦～」明明討厭、害怕光頭的我，竟然也有對光頭不那麼排斥的時候。

但又不是每一天都會因為光頭而特別開心，有時候也會像這樣：「今天被稀疏的掉髮弄到很厭世。因為得拿鑷子去夾毛帽裡的頭髮。原來頭髮離開身體之後，就會變得很刺，數不清的頭髮刺著身體，真的是討厭死了。」

有時候，我可以讓H開我頭髮的玩笑：「其實妳光頭有點像是年輕版的妳爸耶。」「今天看起來比較像光頭麥加喔。」好幾次我聽了也覺得滿好笑的，其實，他連「火雲邪神」都拿來笑過我。

但有時候，我又像座活火山一樣不知道什麼時候會爆發，觸不得，一摸就燙手。

「我現在整個人沒血色又超瘦，很像《魔戒》的咕嚕吧，超像的耶哈哈，我是咕嚕。」偶爾我也會開開自己的玩笑，但那次，當H也為我的自嘲哈哈大笑的時候，我卻沒來由地失控了，整個人大暴走，開始尖叫地責怪他：「我變醜了吧！我現在變得很醜了，對不對？你早就不愛我了，我變醜了，你根本沒有必要愛我，面對這樣的我，你也忍得辛苦吧。現在發洩只是剛好而已啊……」我在抓狂中一直重複著「你不愛我了、不愛我了」，一邊心裡還想著，這是我的病、我的身體、我的外表，只有我能自我解嘲。只有我有權利，你是什麼咖？憑什麼笑我，要笑我也只能是我自己，你憑什麼、憑什麼、憑什麼！

無論如何，不管我在哪一種狀態下崩潰，H總是異常冷靜地面對，冷靜到我曾懷疑過，他是不是不在乎我。不然怎麼會在我失控的時候，連滴眼淚都沒掉，也沒有表現出老公心疼老婆受苦時該有的樣子。現在，走過療程的我，回過頭看，換位思考，他的心該有多委屈啊！他一直在包容，而包容是多不容易的愛的語言。但當時的我卻沒有足夠理智去解讀這份愛，甚至還怪他冷漠，H真的好冤枉啊！

崔咪祕密日記

第二次化療，除了前兩天比較不舒服，
想吐但沒吐，只能半坐著睡覺外，
接下來幾天體力慢慢恢復，食慾也是。

真的要告誡大家，
絕對不要在化療的時候，吃你愛的食物。
我在打化療時，為了加快身體代謝，
瘋狂喝果汁和椰子汁，
結果這幾天只要看到，
甚至想到、打字看到，也會覺得好可怕，
我的媽啊～～

H還以為我在開玩笑，
我很認真地說，之前在荷蘭看了個很可怕的展覽，

當時我完全沒有感覺，
結果回台灣後，整整一個月沒辦法吃肉……。

這就是潛意識的保護機制，
可能是因為那些東西會帶你回到那時刻，
讓心裡很抗拒，
我說的是否有點道理？XD

COLUMN
我學到的
第 8 課

情緒永遠都在，只能舒緩

很多網友會私訊我，想知道如何面對因害怕死亡而襲來的負面情緒，包括恐懼、憤怒、沮喪，甚至跟我分享因為罹癌而產生的絕望感，希望我能給些建議。

老實說，雖然我好像表現得很勇敢，積極正面地迎擊癌症。但是關於這些問題，就算站在此時此刻的時間點往回看，還是想不出能讓所有人滿意的答案，也不知道怎麼回應比較好。因為我心裡真正的想法是：這些情緒再正常不過了！我們就是一群身體有問題、死亡就在眼前的人，我完全能同理那些被卡在黑洞裡的壞念頭。

但我能這樣回答嗎？當然不能，因為這種答案幫不了人。我只能建議，與其呆站在原地承受負面情緒的攻擊，不如想個適合的方式讓自己過得舒服點。我自己會把時間切割成非常小的單位（半小時、十分鐘、五分鐘都好），然後對在這短短時間裡發生的好事抱持感恩。

如果你今天沒有失眠（這是很多患者會遇到的眾多副作用之一），硬是睡了個好覺，那就為這件事情好好開心一下；如果你今天吃得下完整的一頓飯，那就為還有食慾好好感恩；如果無所事事過了一整天，都沒有情緒低落自怨自艾，那真的是太好了，不是嗎？

不管時間單位有多小，長久累加起來，你會發現自己已經挺過很長一段路。

找個可以投注熱情的事也很不錯。最近，我就找到一個可以暫時忘了自己生病的興趣——裝飾蛋糕（Layer Cake）。為何我會想要做這件事呢？因為這是件會讓我專心到忘記一切的體力活。要我說，

「專注」大概是做裝飾蛋糕最重要的基本技能，因為你要好好地拉一朵花、調整一份糖的甜度、測量材料的比例……

這是我自己經過思考後，想要投入的興趣，如果你對甜點沒興趣，自然不一定要按照我的建議。但是，有一件事可以讓你轉移對生病的注意力，絕對是有益處的。任何你想到的事都可以，只要能讓你多用體力、少用心、少用腦的事，都好。

再者，配合小白針的使用情形去做日常規劃，也是個不錯的舒緩方式。

我每投完一劑化療後，大約一個星期就得回院檢查白血球指數，指數如果降得太低，就會施打一種叫做「小白針」的針劑，幫助身體製造白血球。否則我可能會因為抵抗力不足，增加感染風險。打了小白針後大約一個星期，體內的白血球會增加到比較安全的指數。對化療中的患者來說，小白針是極為關鍵的治療步驟；因為這時期會比較有抵抗力與體力，可以多做一些簡單的休閒活動。

一劑化療、一劑小白針到白血球指數恢復正常，大約是兩週的時間。也就是說即使是八個月的化療期間，我們還是有半數時間可以像正常人一般，去做自己想做的事，千萬不要覺得自己生病了，只能過病人的生活。

這是我癒後回想才發現的，八個月的化療，其實身體真正受煎熬、不舒服的時間，只有一半；另外一半的時間，我們還是可以選擇把日子過好，挑選喜歡的事情來做，或是像我一樣培養興趣。降低在痛苦記憶點上的執著，把自己當個普通人，維持平時就在做的事，療程會走得比較舒服，而非整天浸在眼淚裡。

第一次小白針打在身上的感覺，很像有人狠狠往你尾椎踹了一腳，那股強烈的痛意，還真是名不虛傳。

崔咪祕密日記

如果你正在徬徨、無助，
我自己的方式，是讓自己有所依靠。
不管是平時祭拜的神明，
或是什麼可以讓磁場變好的方法，我都會做。
（我很認真地和H說之後要去學氣功……）

說也奇怪，
那種不好或是負面的念頭，
就不會如影隨形地跟著我，
但這些事情信者恆信，不信者也無所謂。

他選擇愛我，
好讓我知道，
怎麼繼續愛我自己。

我終究得好好正視這個要繼續相處的身體，

沒有人知道要怎麼「幫我」喜歡自己，

即使是不完整的自己，也要繼續欣賞、繼續愛……

腦子裡其實飄過了好幾次這種想法，少了一邊胸部、還沒重建好義乳的我，會在抓狂時一再重複他不愛我了不愛我了，心裡害怕的，都是這件事。

失去了一邊的乳房，還算是個女人嗎？

幾年前有一本很暢銷的長篇小說《陪你到最後》，當中描述的故事，我多少能深刻體會。書裡記錄著作者科倫的妻子從罹癌到離世的完整過程，雖然我沒有讀過，但是聽人說有一個段落是這樣的：當妻子的生命快要走到盡頭時，他看著她那蒼白、瘦弱的病體，心中湧現那個曾經美麗的妻子容顏，他一邊思念妻子病前的樣貌，一邊咒罵這個疾病，他恨這個疾病，奪走妻子迷人的外表，奪走他當初瘋狂愛上她的原因之一。

男人一定會在意「外表」的，我曾經擁有的模樣被疾病改變了，少了一邊乳房是無法逆轉的事實，只要稍稍換位思考，一點都不難理解。我自己未嘗不曾因此糾結過。

記得乳房切除手術後，H第一次要幫我換藥。因為自己不敢看，我只好用問的：「那邊看起來是什麼樣子啊？」我甚至忘了自己有沒有用「胸部」這個詞？H低頭換藥，沒有正面回應我的問題，印象中，似乎是絮絮說著「傷口處理得很乾淨呢。」之類的話。細節我已經記不太清楚，也不敢記得太清楚。我在極短的時間內被迫接受太多改變，失去乳房的事實，當下也還沒來得及正視。

很久很久之後，我都已經康復了，才與H把這件事攤開來說。倒也不是怎麼正經八百地談，就是拿出在他面前一貫的小女孩撒嬌口吻，很「盧」地問他還愛不愛我？

「我不愛妳的話，我怕妳會不知道怎麼愛現在的自己。」H說。不管他是認真或不認真，不管當下我是不是在「盧」或是我又抓狂了，我知道他的回應裡透露一個訊息：他選擇愛我，好讓我知道怎麼繼續愛我自己。

說到底，我終究得好好正視這個要繼續相處下去的身體。畢竟，「愛不了自己」這個功課很難請人代勞。沒有人知道要怎麼「幫我」喜歡自己的身體，我必須自己走過這一連串的抗拒與接納。只有知道怎麼愛自己的人才能真正經歷、真正接受到他人的愛。這話明明是萬年老哏，但我確確實實地體驗到了。

即使是不完整的自己，也要繼續欣賞、繼續愛……，這是我在病程中非常重要的體悟之一。所以我在傷口復原後，拍了一組照片，把一朵玫瑰花放在失去乳房的右邊胸部上，那道原本讓人不忍直視的醜陋疤痕，反而成了令人驚豔的莖與棘刺。沒有人會說玫瑰花不美，即使它的莖上都是扎人會流血的刺，但它終究還是玫瑰的一部分。

人也一樣，每個人都會有缺陷，若是因為覺得醜就想拒絕或掩蓋，就像想要遮掩花莖的棘刺一樣；可是少了刺，這朵玫瑰花還算完整嗎？

崔咪祕密日記

謝謝你 @back2british（Hommy）一直在我身邊，
真的不管我變成什麼樣子，
謝謝你都還是願意愛我。
有時候我覺得好累，都不想愛我自己了，
而你總是會安靜地陪伴我，
在正確的時候，才會給我安慰。

如果你在第一時間我在低潮的時候，
用那種很罐頭式的安慰對我，
例如加油、沒事、妳想太多了……
我想我一定會更生氣、更難過、覺得自己更孤單。

謝謝你願意了解我，懂得等待和傾聽，
給我需要和適合的鼓勵。
真的很多時候，自我的修復，
只需要安靜地陪伴就好。

Chapter 04

黑暗之後

療程結束後某天，粉絲專頁上出現這樣的留言：「都得癌症還買什麼名牌，經歷過生死，還要拜金嗎？」留言下方更是有一長串的回應。

「經歷生死跟買名牌有關係嗎？你要不要經歷看看，買不起我燒給你。」

「沒有熱愛事物的人，跟死了沒兩樣，你都沒有追求你最看淡，可以去×了。」

「完全是看不得別人好，忌妒心態啊……」

「癌症病患當然有繼續寵愛自己的資格……」

謾罵發文者的人有、用詼諧方式支持我的人有、在留言處你來我往吵架的也有……那我自己的感受呢？

「終點」不代表真正的勝利；
真正的勝利
其實藏在過程中。

真要計算這一年來究竟失去了多少，絕對不僅於此，
但這場看似苦難的經歷也豐厚了我的人生。
所以我為自己開了一場派對，揮別灰暗，迎接重生。

嗶……嗶……嗶……，耳邊傳來最後一次施打歐洲紫杉醇的定時聲響。那是投完藥劑後就會發出的儀器警示聲。對我來說，就像是在宣布抗癌這一課，終於可以下課了。這次的鈴響尤其令我記憶深刻，它代表著一路上種種刻苦與磨難的句點。

跑過馬拉松嗎？一些熱愛馬拉松的朋友曾跟我說過：對參賽者來說，「終點」並不全然代表真正的勝利；真正的勝利其實藏在過程中，你知道自己竟然挺過全程的意志力。這樣的意志力讓你在事後回想起來感到驕傲，感到自己生命所散發的強韌力。抗癌這一路走來，對我來說也是如此。

好比一位馬拉松選手在參賽過程中，跑著跑著，腿也斷過了、血也流過了、也曾絕望想放棄過……比起這些，衝向終點線那一刻的興奮感，反而沒有這一路來的痛苦深刻。所以，在醫生宣布我的療程結束，體內也沒有癌細胞的時候，我的反應其實挺淡然，只想著該怎麼更快回到正常生活。

這一年多來我真的失去很多，基本上，我是覺得自己已經什麼都沒有了，大概都得重新來過。

我的工作，因為已經停擺了一陣子，粉絲需要重新經營、品牌端需要重新聯繫與建立關係、各個平台的發文頻率都要重新整理，我真的落後了好多好多……。我跟H經營了十年多的服裝實體店，也在這時正式畫下句點，這對我們兩人來說絕對是個很大的失去，那代表一個成就感與充實感的來源，就這樣沒了。

如果真心想計算自己在抗癌的這一年裡究竟失去了多少，我絕對還能再細數下去，但我不想這麼做，因為這場看似是苦難的經歷，實際上也豐厚了我的人生。

所以我為自己開了一場派對，正式宣布「崔咪回來了」。在這場重生派對上，我以「白色」做為dress code，我想要揮別灰暗的過去，迎來重生的光明感。

在這個新生的光明世界裡，我擁有第二個與過往截然不同的人生。

自己沒有的東西，
自然給不出去；
放不過自己的人，也很難放過別人。

舒服是個必需品。

很多停不下來的人，不是因為不想，而是不允許，

慢下來的我，在重新配速的生活中看見很多以往的看不見。

總算，我開始學著放過自己。

在走完八次的化療後，我跟H安排了很多趟旅程。這些旅程中的某次雪梨行，是我第一次靜下來欣賞這個城市，看看這的行人、街景跟天空。雖然不是第一次來這城市，但我從來沒有停下腳步好好看它。罹癌前，不管我到的城市有多迷人，我都只當它是個取景的地方。抵達了定點後，急忙打開一整箱堆滿換穿衣物的行李以及攝影器材，想著要拍照、要發文。每天至少得跑三個以上的景點，回到飯店也不休息，繼續整理白天的影音紀錄。

「慢活」是什麼，這兩個字我光聽就覺得討厭，因為在我的認知中那叫「不事生產」。我這輩子只去過唯一一次的度假型海島，那幾天我根本就不知道該怎麼玩，只好一直換穿衣服，整天都在拍穿搭影片。

電影《命運好好玩》的男主角可以用遙控器設定人生，遇到不喜歡的階段就快轉跳過，好讓他可以快速抵達更想要去的未來。罹癌前的我就是這個樣子，總是在某一刻回頭看，猛然驚覺自己怎麼跑了這麼長一段路，不知不覺就到了現在站的位置。我總是讓自己的人生像是被遙控器設定好一樣，非常目標導向，按下開關就火力全開。

悠閒地什麼事都不做，就這樣混過一個上午或下午，在我的記憶中幾乎從來沒有過。不只是因為我不喜歡，更因為我不允許自己如此；不允許的事，怎麼可能學得會呢？學不到休息、學不到停下來，我從不知道要怎麼放過自己。對我來說那是一個全然陌生的世界。

野馬跑了這麼久，突然間被迫停下來，一定會失去方向感。若不重新定位導航，恐怕連第一步都不知道怎麼踏出去。

但我的身體畢竟是剛打完仗的，我必須像個新生兒一樣，重新學習從來都不會的事。慢下來，允許自己舒服地過日子。

怎麼說呢？或許一天做好一件事情就好，一天安排一件工作就好。如果今天下午有公開活動，那就慢條斯理地摸到中午再化妝吧！我不再早上九點一到，從床上彈起來的那一刻就滿腦子地想工作，就算發個呆看一上午的電視，那也就這樣囉。

用這種速度過生活，有時候會一早在客聽看見H懶在沙發上看電視，換做罹癌前的我，不把他的鬆懈樣挑剔個沒完才怪，早就開砲了！我才發現，自己沒有的東西，你也給不出去；所以沒有學會放過自己的人，也很難放過別人。

舒服是個必需品，你必須在生活中調配一定程度的占比。很多停不下來的人，問題不在於想不想，更多是因為允不允許，是哪些理由讓你允許不了呢？慢下來的我，在重新配速的生活中看見很多以往的看不見。日子因為舒服開了道縫隙，我開始與罹癌前的自己和好。

崔咪祕密日記

我幫自己營造正面磁場的方式。

1. 買百合花：新鮮的百合花放在床邊。
2. 使用精油：我個人很依賴精油，有些精油可以讓人適時放空、放鬆，對我來說很有效。
3. 使用能量水晶：我是指真的有加持過、有品牌的能量水晶。出國時，我都會配戴能量水晶，以防碰到好兄弟；跑醫院也一樣。能量水晶每晚都要放在植物上面淨化，而我用來淨化水晶的植物，竟然就一天天枯萎，我個人相信這是不好的能量被帶走的關係。
4. 和你的神明禱告：抱持著虔誠的心，事情就會有所轉機。也許該承受的還是得承受，但也許是另一個機會。

努力過仍無法完美的事物，
我終於甘心把它們
放在正確的位置上，
而那個位置叫做「遺憾」。

沒有就是沒有了，
再怎樣無法承認、接受，都只是徒勞。

有一些事情，我們總得接受並學習共處，接受那些再怎麼努力也不會達成的事實，好比，我應該不會有自己的小孩了。

我真的好愛小孩喔！罹癌之前，我做過各式各樣的努力想要懷孕，試管、排卵針、中醫西醫各種療法。不管來自市面上、網路上或是有人試過成功懷孕的偏方，只要還有努力的可能，我就會去試。我就是不想接受一個無法轉圜的答案——ＮＯ。即使到了確認必須化療前，我甚至還去凍了卵，想說哪一天要是我的身體恢復，說不定還能搏一搏，我就是不死心啊！但，因為我的乳癌是荷爾蒙型，醫師強烈建議我不要受孕比較好，尤其在懷孕期間的荷爾蒙改變很可能導致乳癌復發。

看到好多年輕媽媽、甚至我的朋友們都在社群平台上曬小孩，難免有種心酸酸的感覺；但沒有就是沒有了，再怎樣無法承認、接受，都只是徒勞。

對於那些努力過後還是無法完美的事，現在的我比較能甘心地把它們放在正確的位置上，而那個位置叫做「遺憾」。每個人的生命中，應該或多或少會有些東西需要放在這。如果它至今仍是空的，你可能要想想自己是不是極力地否認些什麼，只是你剛好用了過度的努力去填滿它，讓它像是被掩蓋起來罷了。

終於，我不再試圖掩蓋遺憾，不完美，也值得擁抱。

曾經失去什麼必定會難過，

重要的是，

最終我們得到了什麼。

癌症，很奇妙地在這件事扮演了像禮物一般的角色。

現在回頭去看過去很多莫名的堅持，

都變成一件很無聊的小事。

我是一個對情感很執著的人，我指的是，像對待朋友這類事。

因為工作的關係，我常需要接觸形形色色的人，曾經有朋友問過我：「妳怎能同時跟那麼多不同類型的人相處啊？看起來好像是很好的朋友一樣？」相處是一回事，真心是一回事。因為部落客的身分，雖然我需要往來的人非常多元，但是，願意讓我打開心房的對象，少之又少。

有過這樣一件往事，偶爾回想起來，仍會掉眼淚，便是失去曾經走入心中的密友。比起化療，能夠被旁人理所當然地心疼、照顧、分擔痛苦，這種不再被重視而經歷的落寞，不是太多人能理解。畢竟，情感是很個人的。

曾經我有一群非常喜歡的朋友，我們認識了好多年，一起工作、一起玩樂、一起過生日，也經歷了彼此的重要時刻。我們都對生活擁有熱情、對美感有堅持，每次看到她們，我都覺得好幸福，可以有一群這樣的好朋友在身邊。直到某一天，到現在我仍不知發生了什麼事情，但我默默認定一定是有些原因，這個關係突然改變了。這群朋友當中，有人不願意再和我維持緊密的關係，我覺得自己被踢出圈圈，非常非常失落。

我明白每個人處理情緒的方式不同，而我，遭到這樣的對待。因為越來越「不敢」與對方往來，就「真的」越來越不往來；越在意越在乎，就越是說不出口。我被綑在一個繭裡，在被忽略的感受裡打轉，封閉自己對這件事的感受，幾乎大半年都走不出來，只敢跟H抱怨為什麼為什麼……為什麼現在連合照都沒有我了……為什麼出去玩都沒有我了……

這是典型性格壓抑的人。我就像是這樣子，保護色很重，之所以沒有說出口，其實是因為受傷到連提都不敢提。

癌症，卻很奇妙地在這件事上扮演了像是禮物一般的角色。病前病後，我回頭去看待過去很多莫名的堅持，都變成一件很無聊的小事。對於曾經覺得自己被拋棄，把我擠到圈圈外的朋友們，我只想說：「我沒有怪她們的意思，我沒有很愛生氣，只是性格壓抑愛搞自閉。」

還有，在關係變淡的時候，其實我好想她們耶。好幾次試著說出內心那麼私密的感覺——想念她們時，眼淚也跟著不爭氣地掉了出來。

心魔很奇怪，它會扭曲你看待世界的方式，讓你以為心裡的恐懼是不可逆轉的事實。希望有一天我能試著挑戰自己因為壓抑而來的恐懼，對她們說出心裡話，像是真心話大冒險一樣：「我真的很喜歡妳們、很在乎妳們、也希望妳們可以一樣地對我。」

這也是我走過這段經歷，所得到最大的禮物之一。

「曾經失去什麼必定會難過，重要的是，最後我們還是得到了些什麼。」在那之後，某天我與羅癌密友雞大王，彼此這樣說著。

崔咪祕密日記

手機紀錄今天跳出你的照片，
才發現我們已經走散好幾年。

偶爾我會想起我們剛認識的時候，
那種毫無芥蒂，坦承互相喜歡對方的感覺，
有時候也會難過，
到底是什麼讓我們彼此走到的現在，
再也沒有彼此。

有些人曾經走進你的生命中，
離開的時候，你也需要花很久很久的時間，
才能慢慢接受現實，
你們再也不會見面了。

你也有很想念的，走散的朋友嗎？
我只能流著眼淚想念。

嚎啕大哭後，才對「堅強」鬆手，

這一放，

反而更多的愛湧入了。

我一直都太不讓自己哭，

因為哭是一種承認，承認自己也有撐不住的時候。

但小女孩是會哭的，堅強不可能是天生的。

總算從一場生死未卜的戰役歸來，在重新整理出的生活節奏裡浮出一面真實。你會開始知道怎麼在天生的自己，與後天因對自己期望所打造出的堅硬外殼中，找出平衡。

我一直都知道自己心裡有個小女孩，我也相信，每一個女人的心裡都藏著自己的小女孩，只是我們會因為各式各樣的原因壓抑她，搞得內在自我有某部分像是死去一樣。長久以來，我對自己的嚴苛，讓我總是選擇在受傷時不落淚，軟弱時不求助。很少顯露情緒，也幾乎不在外人面前哭泣。

小女孩是會哭的，當然不可能每件事情都頂得住，堅強不是天生的。

許多次，每當覺得自己快要撐不住化療痛苦的時候：失眠、掉髮、口內黏膜破裂無法吃東西、抵抗力變差不能像以往嘗試各種彩妝……我都哭得聲嘶力竭，哭到癱軟在地，一面大喊我不要治療了。直到現在，H偶爾還是會說，我哭著想放棄的時候，也是他最撐不下去的時候，看到自己深愛的人正在經歷痛苦，他卻連一點點都分擔不了，那是最無力的無可奈何。只能被趴著打，一點反擊的力量都沒有。

不只這次，還有一件事情，現在回想起來，家人還會當成笑話來講。

化療期間，除了H，我幾乎不讓其他人看見我的情緒，就算是在爸爸媽媽面前也是盡量忍著。有一天，媽媽送吃的來醫院給我，離開醫院後竟然失聯了，怎樣打電話都找不到人。突然間，我的悲傷感大噴發，哭到不能自已。滿腦子想的都是：現在我如果失去媽媽，我一定會自責到不行；都是我害了她，害她只是送個吃的到醫院就出事了；我一個生病的人，怎麼能接受這種打擊，我八成過不了這一關了……就這樣，向來很少內心小劇場的我，被一腦子的悲傷糾纏住，哭到幾乎停不下來。

療程中有時候會像這樣，被突如其來的絕望和無力的極度悲傷襲擊，異常脆弱像個玻璃娃娃。因為不習慣那樣脆弱無助的一面，會覺得用眼淚示弱的自己很陌生，好像保護殼被硬生生地拔掉一樣，非常踉蹌。但說也奇怪，哭完以後，不只這次，還有療程中的許多次，竟然覺得鬆了一口氣，只覺得舒坦。

我一直都太不讓自己哭，企圖壓抑被自己定義為軟弱的那一面。因為哭是一種承認，是在承認自己也有撐不住的時候。可能，內外差距越大的人，越無法允許自己哭泣。因為落淚會讓人軟弱，讓人有所顧忌，用來維持這種落差的張力極度需要力氣，對於總是把生活過得像是在比賽、打仗的我來說，力量不就因此減弱了嗎？

以前從不認為堅強與脆弱的平衡有多重要，直到經歷用再多意志力都無法抑制的恐懼。嚎啕大哭幾次以後，才對那個我一直緊咬不放的堅強鬆手。

這一放，我反而因此感受更多從人而來的愛。

愛，那完完全全是另外一回事了，在這種時刻格外需要。能經歷一場讓自己感受到更多愛的事，會讓純粹是不幸的事——我的癌症，產生另一種面貌。

喔對了，原來媽媽那天離開醫院後，只是去按摩剛好關機而已，害我哭得像天塌下來一樣。

「說出自己真正的需要」
與「接受別人的善意」，
這兩件事便是愛與被愛的開端。

給愛你的人一個機會，讓他們知道該用什麼方式表達。

滿足「想要愛你」的人的需求，

正在照顧你的人也會更知道如何走這段路。

在長達一年多的病程中，很少在內心沉澱這件事——關於愛。但這其實是磨難帶給我眾多的禮物之一：學習愛與被愛。

「愛」與「被愛」都是生為人重要且不可缺少的需求，如果你在與他人（或與自己）的相處上，長期只傾向某一端，只知道愛或被愛其中之一的話，這樣的不平衡一定會顯現在生活中某個面向。好比，如果你不會愛自己只會愛別人，那你可能漸漸對自己內在的需求感到陌生，不知如何表達自己的想要；反過來說，如果你只會接受愛而不會愛，那你在別人眼中極可能是個苛求的人，因為你可能會因為這種與人相處的模式，而缺乏同理心。

然而，這都只是某些面向而已。

我不是關係專家、更不是愛的專家。提到這方面，我想也沒有人敢拍胸脯保證，認為自己已經學會了所有關於愛的種種。我只是想就一個曾是癌症患者的立場，分享經歷、感受給現在正在歷經磨難的人，給出另外的角度去體悟生命的可貴。就算你面臨的是不治之症，也並非一無所有，一個人光是能體驗到愛，便已是生命給我們極大的賜予。

不管你現在是什麼樣子，在疾病中或是健康無虞，你都是某個人的女兒、某人的摯友、某人的老公或老婆、某人的兄弟姊妹。雖然疾病會占據你現在大部分的想法與感受，但心裡還是要知道，你身邊的這些人，他們還是有「愛你」的需要，他們照顧你不只是因為你是個「病人」，而是因為他們「愛你」。

我向來好強的個性也不用再多說了，我最討厭表現出軟弱或是需要別人幫助的那一面。因此，當我知道自己生病時，要在短時間內表現這一面就格外困難。

我不知道要怎麼接受別人的照顧，但這是我需要學習的功課，唯有學會如何需求別人，我與身邊重要他人的關係才能從「病人與照顧者」，回到「爸媽與女兒」、「老公與老婆」、「好友與另外一個好朋友」的本質上。

我是從「說出自己真正的需要」與「接受別人的善意」這兩方面來學習被愛的。不要再想太多，不要再覺得自己生病了就是個麻煩而推辭。接受愛，對那些愛你的人來說非常重要，他們的心裡會因此舒坦些。

而當我遇上低潮來襲，心裡一下子過不去，只得把自己關起來時，我會對H這樣說：我大哭的時候不用理我，我哭完就好了，哭完就舒坦了，只是在抒發情緒而已——不然老公會一直試圖安慰你，想讓你不要哭又不得其所，他也會覺得很挫敗。

或是，當我只想吃酸的東西時，面對爸媽排山倒海而來的關心與太豐盛的食物，我會這樣說：我現在噁心感真的很嚴重，只想吃酸的東西，那酸菜麵好嗎——父母對女兒的關愛也需要適度地被接受，他們才不會覺得被否定，覺得自己都幫不上忙。

當好友想來探望我，但我在某些時刻真的不想「見客」的時候，我會這樣說：我知道妳們很擔心我的狀況，但是我現在最需要好好照顧身體，沒有那麼多力氣去招呼朋友。我保證，等我好了，一定找大家出來玩，像以前一樣——適時讓他們知道你的治療狀況，讓他們知道你並非刻意孤絕自己。因為好朋友在這個時候，會是最掛念你又最插不上手的一群人。

給愛你的人一個機會，讓他們知道用什麼方式表達最適合。身邊有親愛的人罹癌，他們也會感到恐慌，更會想要在這種特殊時刻「幫得上忙」。滿足「想要愛你」的人的需求，正在照顧你的人也會更知道如何走這段路。

站在恐懼面前，
我學到最大的功課是當下就好，
不要逼自己，
試著放過自己。

真正堅強，不是什麼都不怕。
而是找一個辦得到的方式去處理恐懼，
保持不受它干擾。

像那樣哭過幾場以後，我明白一個人能真正堅強，不是因為什麼都不怕。你唯一能做的，是找一個辦得到的方式去處理恐懼，盡量保持不受它干擾。畢竟恐懼是人類天生的情緒反應，要自己毫無畏懼，是不符合現實的期待。

面對它？雖然聽說過有一種勇敢是能直視心裡最深層的恐懼，像個旁觀者一樣分析它，用面對它來得到跨越的力量。但是，我完全辦不到，因為我正在恐懼的事情，根本連想都不敢想。我不敢想的是，萬一好不起來怎麼辦、如果再也不能做自己最喜歡的工作了，就此與美隔得遠遠的，那我接下來的日子還能快樂嗎？

恐懼是一個黑洞，就算只是沾到一點點邊，都有可能整個人被吸進去，所以我連碰都不碰，但幸好我找到另一種方式。

打過這場仗，我開始試著接受自己是脆弱的，每個人的真實面會在龐大壓力下坦露出來。以前的我始終相信，只要外表看起來夠完美，就沒有人可以察覺到我的脆弱，甚至連自己都可以不再意識到它。但偏偏，癌症會讓你的外型無法被控制。

在重大傷病面前，我投降了，開始接受那麼多年來彷彿打不倒、對自己高度要求、定下目標就要達標的崔咪，其實是不喜歡自己不夠完美，而不完美會讓我厭惡自己，嫌棄自己，讓我自卑。

站在恐懼面前，我學到最大的功課是當下就好，不要逼自己，試著放過自己，就算只能想到怎麼把一天過好也沒關係；如果連今天都無法想個透徹的話，那就想著等一下就好；再如果，連那麼近的未來都想不到，那就想著當下，想著自己至少還擁有這一刻。

就像喜歡上了裝飾蛋糕，讓我體驗「專注」有多重要一樣。不僅會從中建立起保護自己心智的習慣動作，也能過好飽滿的一天，還完成了一件作品。要不是因為做裝飾蛋糕能做到這點，我可能早就被打敗了，治療過程的艱辛光用想的都嚇死，搞不好走到一半便放棄治療。

崔咪祕密日記

做甜點可以
很專心地把自己丟在這個時間裡面，
什麼雜念都不想，
唯一的缺點應該就是會變胖吧（笑）。

最可怕的不是死亡，
而是不知道
為什麼要活著的人生。

身體在說話，而且它說得很大聲，
這種意識感讓我每分每秒都度日如年，
逼迫我一定要去做能讓自己快樂的事。

在我公開罹癌之後，一直到走完化療，有各式各樣的問題、關心、問候，甚至是建議，湧進ＦＢ。有人想給偏方、有人想問年輕患者的罹癌問題、有人只是想暖心地打氣說句「加油喔，妳一定可以的」、也有人想詢問治療方式，包括使用的藥物或是我的乳癌類型……。

從確診到二〇一九年的夏天，療程結束也過了將近一年。老實說，我對這段歷程最大的感想其實是……癌症跟化療有什麼好聊的，一個F字能形容而已（知道我要說什麼齁），它就是個不請自來、死賴在我身體裡的不速之客！為了趕走它，我還要花那麼多力氣、時間跟金錢！

就算是正在經歷罹患乳癌第三期，甚至是更嚴重的病人，把病人這兩個字拆開，除了「病」，還有「人」。我仍然是一個人。身為人，我有想要的、需要的、渴望的，所喜歡的與熱愛的，這些都是一個再正常不過的人會有的基本。乳癌雖然攻擊我的身體，但我的心還是活著的啊。所以在這些不斷湧來的雜訊中，不管動機是好是壞，我最怕聽到的一句話，就是叫我要「好好休息」。

「妳為什麼還不休息啊？」
「要先有體力，才能對抗病魔吧！」
「都已經生病了，就暫時先不要工作嘛！」

治療期間內，每當我更新完影片或是上傳新的發文，就會有一波類似這樣的關心湧進。

但我心裡的真正想法是，最可怕的不是死亡，而是不知道為什麼要活著的人生。沒有目標，那跟鹹魚有什麼兩樣。每次面對這種關心，表面上我平靜地接受，但其實是在壓抑、其實心裡都在放聲吶喊，反覆了幾百次的話：「不要再叫我休息了，好嗎！可以讓我在活著的時候，盡可能地快樂嗎？我想要活得有質感，我就是不想要醜。我喜歡彩妝，熱愛跟大家分享能變美的事，我希望每一天都能做自己喜歡的工作！」

我想，再親近、再了解我的人，也沒有一個人能真正切身體會我對美的熱情有多深刻多熱烈，還有死都不想放手的執著。

罹癌之前的我，是真的太拚命了，但要我完全休息，卻又讓我惶恐不已。我已經依照身體狀況調整工作量，再休息下去，我都要不知道自己是誰了。每次聽到這些話，我就忍不住想求饒。你們知道嗎？完全沒有事做的時候，慢下來的身體，會對化療藥劑有更強烈的感受，也會因為身體一直在經歷的變化，而不斷被提醒到我自己正、在、接受治療。

身體在說話，它說得很大聲，這種止不住的意識感，讓我的日子每分每秒都度日如年。所以無論如何，我一定要用對抗化療後剩餘的力氣，去做能讓自己快樂的事，一件光用「想的」就可以讓我有動力再往下撐一天的事。如果連這點追求都要被剝奪，我真的會覺得自己徹底地輸得一無所有。

當然，在這種時刻，除了「美」再也沒有別的事是我想要的快樂了，因為也只剩下這件事，是我還想掌握的。它足以在我最脆弱的時候，給我力量走下去。只要想著到外面還會有那麼多有趣、新穎的彩妝產品，我還沒有試用過，即使在那麼痛苦的情況下，我都會眼睛閃爍！我要撐下去，每一種我都想試試看！

我給自己設立一些短程的快樂目標。

對於還能自主管理的身體，我像在照顧一個小嬰兒般的對待，我花了好些時間去搜尋罹癌患者可以使用的彩妝與保養品。正在接受化療的我，所有要直接與肌膚接觸的東西都必須特別小心，只能找無毒成分的，但因為資訊沒有那麼多，還真是不好找。

如果體力跟狀況許可，我會每天花固定的時間保養手手腳腳。大家都知道，化療藥劑其實就是毒藥，可以快速殺死人體內細胞（不管好的或壞的），指甲、皮膚都會受損得很快，所以我把這兩部分列在重點照顧範圍。很多接受化療的病人因為用藥關係，皮膚都變很黑；但我大概是從以前就很愛漂亮、很善待自己、保養得很勤快，也更捨得在治療期間挑選保養品使用，因此整個治療期間我都滿白白嫩嫩的。好幾次回醫院報到，醫護人員都會驚呼：「哇，妳皮膚怎麼還是那麼好，不是正在接受化療嗎？」

你怎麼對待自己的身體，它就會怎麼還給你。

還有一次，我盯著自己的指甲傻笑了好久，因為總算找到了無甲醛的產品。我在指甲上試了幾款顏色，看到自己身上有那麼一個小小範圍，是自己喜歡的顏色，雖然那些繽紛在當時的世界裡占比很小，但光是這樣微小的色彩，就足以讓我快樂了。

跟罹癌生病這等大事比起來，一個指甲油是能解決什麼問題？但若光是這樣就能讓墜在暗黑深淵的人覺得幸福、覺得美麗、感到開心；光是這樣就能維持一天的快樂，都讓我覺得往療程結束那天又更邁進了一點。這樣的快樂，難道意義不重大嗎？如果這樣的快樂可以讓正在接受化療的我，往前走的步伐少一些痛苦，能夠讓不敢妄想太久遠未來的我，得到動力敢再往前踏出一小步，就算是少少的距離，那這種快樂絕對是很重要！

我已經接受自己失去一邊胸部的事實，已經太多由不得我的事情在發生。那我的心該如何，總該可以讓我自己決定吧。我想要有讓自己快樂的事，不想在任何時候都畏縮退卻，如果這是我的動力，我要理直氣壯，坦蕩蕩地擁有它。

COLUMN
我學到的
第 9 課

總是可以讓自己漂亮一點

化療後期，我的眉毛果然也掉光光了。在這樣的情況下，如何畫出一對持久自然的眉型，成了我日常生活中僅次於假髮的重要大事。畢竟五官裡少了一位重要成員，怎樣看都不自在。

1 我會先挑一枝顏色非常非常淡的眼線筆，勾出想要的眉型輪廓（輪廓淡淡的就好），這是為了稍後要上真正的眉毛顏色時，可以辨識需要塗滿顏色的區域。

2 如果覺得眉型還不夠清楚，可以用遮瑕膏，從眉毛下緣開始修飾四周膚色，加大兩者的差異，讓深淺層次更清楚。這樣子，也可以讓眉型更立體。

3 至於眉毛的顏色，就直接選用喜歡的眼線筆吧。用較粗的筆觸大筆大筆地輕輕劃過，營造出近似真正眉「毛」的效果。但不要畫得太密，以免眉毛太「粗壯」。

除了眉毛，如果你也是個自己打理得美美的，就會身心愉悅的人的話，以下幾個化療中的彩妝know how，請多注意。

1如果你很喜歡搽指甲油，記得要選擇「無甲醛」成分。現在有許多指甲油品牌都強調適合孕婦使用，這類較少化學添加物的產品，大致也符合化療患者的需求。雖然顏色不一定持久，但是對身體的負面影響絕對小很多。

2適時補充溫和的美白產品。化療的副作用之一，就是會讓病人的皮膚看起來焦黑焦黑的。在療程中做美白保養雖然可能晚了點，不易立即見效。但是養成這樣的習慣，癒後的膚況會復原得比較快。

我在化療和放療期間，都有使用醒寤的精油做皮膚保養，這是我好友吉賽兒的品牌。雖然她當時也面臨人生的低潮，但知道我生病時，她立刻調配止吐精油還有保養皮膚的精油給我，對我幫助很大。

3「手推」方式上妝，不管是粉底液、液狀腮紅或眼影，能少使用刷具就盡量少用。主要是刷具很容易藏污納垢、滋生細菌，而化療中的患者本來就要小心細菌感染，刷具和氣墊粉餅可以說是這期間最不適合的上妝工具。若非得使用不可，請先以「抗菌液」消毒，會比較安全。

TRAMY 頻道

看崔咪的
影音分享

每個人都在追求自己沒有的，
並且不小心
忘了自己天生擁有的。

每個人對美的追求，都需要經過整理，找到健康的界線。
我曾經付出過的許多堅持，要不是因為對美的熱愛，
很多事情可能根本成就不了。

我從小就對「美」有無所不用其極的渴望。小時候，身邊的人都很單純，只有家人會看到我「熱烈追求美」的行徑，而他們頂多說說：「沒什麼啦，小女生都這樣啦！」

但是等我年紀大點，進入青春期，同儕間流傳的閒話八卦可就不那麼好入耳了。

「你看她每天把自己弄成那樣，一定是個騷包。」

「就只會想吸引人注意而已，說真的她也沒那麼好看吧！」

等到我開始工作了，尤其是有了美妝部落客的身分後，閒言閒語就更難聽了。好比那些在我粉絲專頁上的對話，說我拜金、說我奢侈浪費，更不堪入目的、對我人身攻擊的，比比皆是。

面對這些，有人會好奇我到底在堅持什麼？但我反而有個問題想問大家：把外表打理成漂亮的樣子，是因為你覺得要用外表去取悅別人？還是為了自己，你真的從中獲得開心滿足的感覺？

「舒服」很重要，「自在」更重要，因為那是一種忠於自己的表現。你應該要不停反問自己，你正在做的事，是不是只是想贏得別人的讚賞？是不是因為這樣做，才能在別人眼中看起來優於大多數人？雖然用「好的外表」獲得讚美與肯定，不全然是負面的途徑。但如果你的出發點是「為了別人」多於「為了自己」，久了之後，你會漸漸地感到累而陷入不健康的比較，會覺得把自己外表打理好是一種拖累、一種交代、一種不要讓人看衰我的方式。

「追求美」，有可能在不知不覺掩蓋了某部分真正的自己。

我有這樣的體認，是因為自己也曾經迷失過，我試圖用模仿他人風格的方式來補足自己天生缺少的特質。我一直覺得自己不夠「酷」，所以有一度喜歡明擺著很不適合自己的妝容與穿搭，想要「裝」出我沒有的那一面。我全身嘻哈造型、化著粗黑的眼線與煙燻妝，也燙過不適合自己臉型的頭髮捲度……

經歷過那些不適合我、不屬於我，不「自在」的追求；也發現到自己在接近完美的過程中，似乎失去了自我。後來我真心明白，這種追求並不會使一個人找到自我。每個人都在追求自己沒有的，並且不小心忘了自己天生擁有的，你所擁有的特質可能是另一個人換也換不到、學也學不來的。

我因此認知到，對美的追求，每個人都應該要有經過體驗，找到比較健康的界線。這樣你會更知道把它放在生活中的哪個位置。問問自己，能做到什麼地步而覺得「不麻煩」、「沒有負擔」？

有人覺得出門前上個底妝，不要看起來沒氣色就可以了，如果這樣做覺得很坦然，那些覺得你的妝容不夠完美的聲音，就隨它去吧！如果你覺得每六個月整理一次頭髮，是你對美的投資極限，那麼，當有人閒話你應該花更多錢打理自己的耳語，要很有自信地不放在心上。

反之，如果你每天出門前就是要花兩個小時穿搭，不把衣櫃裡的包包配件都拿出來搭一遍就出不了門，也請不要對自己有這樣的堅持與喜好感到心虛；又如果，你已經有滿山滿谷的飾品或衣帽鞋子，還是樂此不疲的話，只要在「自己能負擔」的範圍內（再三強調是自己能負擔喔），我相信別人沒有權力指責你的興趣與熱愛。

回到我自己，我當然也是。因為對美的熱愛，在三十歲前就成了一個有數十萬粉絲追隨的美妝部落客、也擁有過自己的服裝店與事業；更因為對美的堅持，在遭遇重大疾病打擊時，可以堅強、奮力地想留在這個世界上，再體驗它更多更深更久。

我曾經付出過的許多堅持，都是花了很大代價得來的。要不是因為對美有熱烈的喜愛，有很多事情我可能根本成就不了。我想，這些林林總總，應該不是一個「拜金」可以簡單帶過的吧！

崔咪祕密日記

不要評價別人的生活，是最基本的，
因為生活不是你的；
不操心別人的生活，
因為別人的路由他們選擇
好的壞的，
都和你無關。

不管發生什麼，
真正的熱愛
會把你拉回生活正軌。

儘管失去很多，但我扎扎實實地學到如何不放棄希望。

動起來，不管做些什麼，

都要動起來跨出去，不要讓自己停在原地。

在我生病之前，就許多人的眼光來看，幾乎稱得上是世俗標準中的「人生勝利組」。做著自己熱愛的工作，是小有名氣的美妝部落客，也在事業聲勢最好時擁有兩家服飾店，幾乎每個月都有約百萬的營業額。更不用說，我未滿三十歲就找到真愛，不管我做了什麼事、撒了什麼野，對我都不離不棄的H。

現在癒後的我，看著自己病前的人生，連自己都要羡慕起自己。我的人生真可以說是計畫什麼就可以成功得到什麼，想做到什麼事就有能力可以做到。我擁有太多，不知道不在計畫內的災厄為何物。

有一段我在乳癌社團「花漾女孩 GO GO GO」讀到的病友對話，至今印象深刻。這段大家有來有往的對話，第一次讀時還不是太有感覺，可能因為當時所有心力都用在抗癌上了（因為療程中我不讓自己去想當天以外的事）。

直到療程結束，我才意識到那些對話裡，有個我接下來立刻會面對的困難功課，而它才正要開始。

「化療雖然非常艱難，但是挺過去以後，也不代表，此後的人生再也不會遇上令你害怕的事了。當然，你難免會有一段時間覺得『我都已經跟死神打過仗了，還怕什麼？』對，你可能會變得更勇敢，比多數人更堅韌、更冷靜。但真正考驗你心智能力跟生命成熟度的，是癌後人生。因為你已經歸零了，你得從零開始重新來過，不可能再回去癌前的生活。不管你的『零』是發生在幾歲，時間不會因為罹癌而憐惜你，就停下來等待。」

我在治療結束後不知哪天的下午，呆坐在客廳時，突然想起社團裡的這一串對話。我在這串對話帶來的衝擊裡發愣，那一瞬間好像能明白病友在擔憂些什麼。在治療期間，我已經把自己的心智訓練到不要想未來，只想當下，只想今天；但現在又必須得切換角度，又得過「不得不為未來打算」的日子，我感到無所適從。

我轉頭跟H說：其實我有點不知道接下來的日子該怎麼過？我不知道要做什麼？我沒有目標、也沒有想法。

如果只看事實面，我真的失去了太多：工作量減了、體能變差了、少了右邊乳房、也確定無法有孩子了（因為需要施打停經針，等於更年期提早來到，再沒有懷孕的可能）；療程的花費很大，出去比進來的多，荷包受損了，好多事情要重新來過……再仔細算，還有嗎？

還有還有，在我治療期間，因為種種考量加上景氣不佳，我與H經營了近十年的服飾店也正式歇業。我們真的很捨不得，因為那是我們兩人的心血。我們在那裡遇過很多喜歡我品味的顧客，這兩家店給過我與H很大的滿足感。

還有還有，生病前我人氣最旺的時候，每次只要我出席活動時，品牌公關們各個都是謙恭有禮地把我引導到第一排座位。但現代多元媒體時代來臨，後起之秀越來越多，加上我因病隱沒了一年，現在的我，只能眼睜睜地看著曾經屬於我的第一排座位，變成年輕後進們的專屬。而那些曾經與我熟絡的品牌公關，現在也把焦點放在那些更有收視保證、點閱保證、更會衝粉、更會換讚的新ＫＯＬ們身上。

我真的一度深刻感到，對於未來我不知道該如何是好。但我知道不能陷落在這樣的想法裡太久，就像雞大王告訴過我的：「曾經失去什麼必定會難過，重要的是，最後我們還是得到了些什麼。」

儘管我失去很多，但我得到的，是扎扎實實地學到怎樣才可以不放棄希望。總之，先動起來就對了，不管做些什麼，都要動起來跨出去，不要讓自己停在原地。

所以療程一結束，我無法閒著停在原地，立刻跑去環遊世界，安排一連串旅行。雖然看起來不像在工作，但在一個接著另一個的旅程中，我漸漸找回停滯一年多的手感，開始重新拍攝穿搭影片，重新與社群時代接上線，重新思考該如何延續過去的優勢，不要只把目光放在「癌後」的重建之路上。

我在旅程中，偶爾看到非常想要分享的好物，就會在社團中開團購、在粉絲團開直播。

天啊，我實在太喜歡買東西、賣東西的感覺了！那種快感，像是一再有人肯定你的眼光，會讓我回想自己還在彩妝專櫃銷售的記憶。當我看到上門的消費者因為我的推薦，搽上一個非常適合她的唇色離開櫃上時，就會有一種想在格子內打勾勾的感覺：幹得好啊！當我所服務的客人，因為適合的彩妝，判若兩人般地離開，我會覺得自己用專業的品味與眼光，成就了一件值得驕傲的事。

漸漸地，我們的旅程結束後回到台灣，忙開團、忙出國採購直播連線，拍 YouTube 影片（我現在每週三／日都會更新）的時間變得越來越多，這一忙，讓我對結束的兩家店也沒那麼不捨了。只不過是換個方式與管道，繼續做著我喜歡做的事。只要還可以做熱愛的事，與美有關的事，我就可以感到滿足，而不陷在茫然裡。

我選擇用最快的速度重拾熱愛的事，好讓浸在「癌後」重建的適應期能變得短一點。

不管發生什麼，你真正熱愛的事會幫你拉回生活正軌上。我感謝自己是一個那麼熱愛美的人，我也感謝愛美這個性格特質找上了我。如果不是因為它，我在很多時候都會不知道怎麼辦才好。但因為有了它，我堅決愛美的信念，讓我知道怎麼過每一天，不管在病前病後都是。在未來，我希望，我也相信仍然會一樣。

崔咪祕密日記

今年的我，
認識了更多有趣的人，
有才華的，幽默風趣的，善良的，
還有一些我知道不論我遇到什麼。
他們都不會轉頭丟下我的真心朋友／家人／愛人，
這時候的我，
才感覺如此安心踏實，並且滿足。

也許你也正在經歷著，
但人生遇到的挫折，
用意是在提升你的戰鬥力。
專注地聆聽，
看準它想要教你什麼，
接下來的人生，
你將大大不同。

photo/ 崔咪

國家圖書館出版品預行編目資料

堅持下去，傷痕也可以變美麗！ / 崔咪作 . -- 初版 .
-- 臺北市：三采文化，2019.12
面； 公分 . -- (Mimd Map)
ISBN 978-957-658-257-8(平裝)

1. 心理勵志 2. 自我肯定

177.2 108017098

suncolor 三采文化集團

Mind Map 195

堅持下去，傷痕也可以變美麗！

今天要活得比昨天漂亮

作者｜崔咪 採訪整理｜張釋云
副總編輯｜王曉雯 主編｜黃迺淳
美術主編｜藍秀婷 封面設計｜池婉珊 內頁設計 ｜池婉珊
攝影｜Rebecca Chang（張亞芸） Retouching by Rule（黃律翔） 修圖｜林子茗
內頁排版｜新鑫電腦排版工作室 校對｜聞若婷

發行人｜張輝明 總編輯｜曾雅青 發行所｜三采文化股份有限公司
地址｜台北市內湖區瑞光路 513 巷 33 號 8 樓
傳訊｜TEL:8797-1234 FAX:8797-1688 網址｜www.suncolor.com.tw
郵政劃撥｜帳號：14319060 戶名：三采文化股份有限公司
本版發行｜2019 年 12 月 6 日 定價｜NT$380